박훈

서울대 동양사학과에서 학사 학위와 석사 학위를,
도쿄 대학에서 박사 학위를 취득하였다. 국민대 일본학과를 거쳐
현재 서울대 동양사학과에 재직 중이다. 메이지 유신의 기원,
정치 변혁과 공론(公論), 일본인의 대외 인식 등과 관련해 논문을 써 왔다.
논문으로「메이지 유신과 '사대부적 정치 문화'의 도전」,
저서로『근대화와 동서양』(공저) 등이 있다.

메이지 유신은
어떻게 가능했는가

메이지 유신은
어떻게 가능했는가

박훈

민음사

일러두기

1. 일본어 표기는 한국 독자들이 읽기에 편하고 용어를 이해하는 데 도움이 되는 것을 기본 원칙으로 했다.

2. 일본어 발음은 국립국어원의 외래어 표기법 규정에 따라 표기하였다.

3. 일본의 인명과 지명은 일본어 발음으로 표기하였다.

4. 인명과 지명 외의 일본어 단어는 기본적으로 일본어 발음 표기를 원칙으로 하되, 한국어에서 우리말 한자음으로 사용되는 경우가 많거나(예: 천황(天皇), 막부(幕府), 번(藩)), 일본어 발음으로 표기할 경우 지나치게 생경해져 한자음으로 읽는 것이 뜻을 이해하기 쉽다고 판단되는 경우(예: 무가제법도(武家諸法度), 자유당(自由黨), 명륜관(明倫館), 앵명사(嚶鳴社))에는 한자음으로 표기했다.

5. 한자음으로 표기하는 명사(혹은 그 일부)에 다른 한자어가 붙어 한 단어가 된 경우, 한자 발음으로 표기했다. (예: 막정(幕政), 번주(藩主), 막말(幕末))

6. 일본어 발음으로 표기하는 명사에 한국 독자에게 익숙한 일반명사나 접사가 붙어 한 단어가 된 경우, 붙은 한자어는 한자음으로 표기했다. (예: 메이지 유신(明治維新), 도쿠가와 가(德川家), 미토학(水戶學), 백성 잇키(百姓一揆))

머리말

메이지 유신(明治維新)은 19세기 중반부터 후반에 걸쳐 일본열도에서 일어난 거대한 사회변혁이다. 이 변혁은 실로 극적이었다. 19세기 말까지 미국과 서유럽의 몇 개국 정도를 제외하고, 산업혁명과 헌정(憲政: 헌법＋의회)을 함께 이룬 나라는 유라시아 대륙 맨 끝의 일본이 유일했다. 서유럽에 가까이 있는 러시아나 동유럽의 국가들도, 유럽과 아시아의 중간 지대에 있는 오스만튀르크 제국도 그런 정도의 변혁은 이뤄 내지 못했다. 물론 조선이나 청(清) 등 동아시아의 다른 국가들도 마찬가지였다.

우리는 흔히 일본과 비교하면서 근대화에 실패한 조선을 비난한다. 일리 있다. 그러나 위에서 본 대로 당시 세계의 거의 모든 국가들이 근대화를 이루지 못했다. 조선은 열등했다기보다는 평범했던 것이다. 다시 말하면 조선이 아니라 일본이 특이했던 것이다. 헌법, 의회, 선거, 국민국가, 자본주의 등 서유럽이 '발명'해 낸 것들은 거의 모든 국가들에게 매우 낯선 것이었다. 일본에게도 마찬가지였다. 그런데 왜 유독 일본은 이를 신속히 받아들였고, 큰 파탄 없이 사회변혁에 성공했던 것일까? 대체 그 시기 일본열도에서는 무슨 일이 벌어진 걸까? 이 책에서 필자는 이 질문에 대답하고자 한다.

메이지 유신을 대하는 한국인의 심정은 그 어느 국민보다 복잡하다. 한편에서는 일본 제국주의의 침략에 분통을 터뜨리며 그 원인을 메이지 유신에서 찾아 규탄하기도 하고, 다른 한편에서는 도대체 우리보다 더 나은 것도 없을 것 같은 왜인(?)들이 어떻게 해서 그토록 대단한 일을 해냈는가 하고 경탄하기도 한다.

후자의 입장을 대표하는 것이 김옥균이다. 1884년 33세의 김옥균이 구체제와 격투하고 있을 때(갑신정변), 일본은 성공적으로 근대국가를 건설하고 있었다. 일본에 건너간 김옥균의 눈에 일본의 성공은 휘황찬란했다. 어떻게 그것이 가능했는가? 김옥균은 이 물음에 답을 얻기도 전에 암살당하고 말았다. 김옥균 이후에도 수많은 사람들이 이 물음을 계속 던졌다. 필자 역시 그동안의 연구와 고민을 바탕으로 이에 대한 나름대로의 생각을 제시해 보고자 한다.

'메이지 유신은 어떻게 가능했는가.' 이 거대한 질문에 제대로 답하기 위해서는 정치, 경제, 사회, 문화 등 다양한 각도에서 당시의 일본을 검토해야만 할 것이다. 그러나 이 글에서는 주로 대외 인식과 정치사적인 관점에서만 접근하였다. 필자의 역량 부족도 한 이유가 되겠지만, 논의의 범위를 좁히기 위해서이다.

이 책은 총 다섯 개의 장으로 이루어져 있다. 1장은 메이지 유신이 무너뜨린 도쿠가와(德川) 체제에 대한 개설적인 설명이다. 이 책을 읽기 위한 기초 자료인 셈이다. 메이지 유신을 이해하기 위해서는 이 체제를 알아야 하기 때문이다. 일본사를 잘 모르는 독자들에게는 조금 생소할 것이다. 그러나 우리가 꼭 알아야 할 천황(天皇), 사무라이(侍), 막부(幕府) 등 일본 역사의 핵심 요소들을 알기 쉽게 설명했다. 도쿠가와 체제를 종합적으로 설명한 한글로 된 책이 별로 없는 실정에서 이 글은 짧지만 유용할 것이다. 그러나 곧장 이 책의 주제인 메이지 유신으로 달려가고 싶은 독자들은 건너뛰어 2장부터 읽어도 좋겠다. 읽다가 1장의 도움이 필요한 대목이 나오면 다시 돌아가 참고해도 좋을 것이다.

2장은 서양 문명에 대한 일본의 반응을 살펴본 것이다. 우리가 흔히 하는 질문, '일본은 어떻게 서양 문물을 그렇게 신속히 받아들일 수 있었는가?'에 대한 필자 나름의 답이다. 그 답은 '강렬하고도 과장된 위기감'이다. 위기감은 퇴영적인 쇄국으로 나아가게도 하지만, 반대로 위기를 타파하기 위한 적극적인 체제 변혁을 만들어 내기도 한다. 19세기 일본은 후자를 감행했다. 위기감은 그 후로도 근대 일본을 움직이는 동력이 되었다.

개항을 둘러싸고 각 정치 세력이 보인 입장도 살펴보았다. 조선이나 청과 달리, 일본에서는 위와 같은 위기감 속에서 쇄국과 수구를 주장하는 세력은 일찌감치 쇠퇴했다. 또 조선, 청처럼 강력한 양이주의자(攘夷主義者: 서양 오랑캐를 배척하자는 사람)들이 있었지만 그들은 양이에 성공하기 위해서라도 기존 체제를 과감하게 혁신해야 한다고 주장했고, 더 중요한 것은 얼마 가지 않아 개국 노선으로 급선회했다는 점이다. 이렇게 해서 1868년 메이지 정부가 들어섰을 때에는 양이를 주장하는 세력은 소수파에 불과했다. 당시 세계정세에 대한 일본 정치 세력들의 풍부한 정보와 명민한 판단력, 탄력적 대응은 실로 놀라운 것이었다. 1930년대 후반 이후 일본의 실패는 바로 이런 점들이 부족했기 때문이다.

그러나 '강렬하고도 과장된 위기감'은 신속히 체제 개혁을 수행하고 자국의 독립을 유지하는 데에는 큰 역할을 한 반면, 곧바로 외부에 대한 거친 공격으로 이어졌다. 그것이 이웃 국가들에 대한 지칠 줄 모르는 침략욕으로 나타난 것은 잘 아는 대로이다.

3장에서는 도쿠가와 막부(德川幕府)는 왜 패했는지 설명했다. 역사를 생각할 때 우리는 흔히 변혁 세력에만 관심을 집중하는 경향이 있다. 결국은 그들이 승리하여 지금의 사회를 만들었기 때문에 당연한 일일지도 모르겠다. 그러나 냉정하게 생각해 보면, 구체제(앙시앵 레짐)와 그 지배자들의 영향력은 대부분의 경우 최후의 순간까지 변혁 세력보다 강력했다. 청조가 무너지는 순간에도 쑨원(孫文)보다는 청 조정 지배자들의 영향력이 강했을 것이며, 김옥균보다는 고종이나 조선 조정 대신들의 힘이 더 셌을 것이다. 구체제의 각 행위자들이 구질서 내에서 어떤 행동과 조치를 취하는가, 즉 어떤 역사적 선택을 하는가 하는 것은 그 사회의 향방에, 또 변혁 세력의 운명에도 매우 중요한 요소이다. 우리가 변혁 세력만이 아니라 구체제 세력의 행동 양태에 좀 더 유의해야 하는 이유이다.

이런 점에서 막말기(幕末期: 도쿠가와 막부 말기, 대략 1850년대에서 1867년까지의 시기)의 도쿠가와 막부는 주목할 만한 구체제이다. 메이지 유신은 그 시기 도쿠가와 막부의 여러 역사적 선택들이 있었기에 가능했고, 결론적으로 말해 일본이 근대화에 성공한 공로의 반은 도쿠가와 막부에 돌려야 할 것이다.

여러 가지 쇠퇴 조짐이 있기는 했으나, 1860년대까지 도쿠가와 막부는 구체제치고는 당장 무너질 정도로 지리멸렬한 상태는 아니었다. 더구나 막부는 끊임없이 자기 혁신을 거듭했다. 19세기 중반은 막부 타도의 역사이기도 했지만, 한편으로는 막부 개혁의 역사이기도 했다. 이런 개혁 덕분에 메이지 유신 직전까지도 막부는 여전히 다른 번(藩)들에 비해 군사적으로 현격한 우위에 있었고, 외교적으로도 위신을 유지하고 있었다. 그런데도 왜 그렇게 맥없이 무너져 버린 것일까? 많은 원인이 있겠지만 필자는 정치적 리더십의 부재에 주목했다. 특히 일견 강력한 지도자로 보였던 마지막 쇼군(將軍) 도쿠가와 요시노부(德川慶喜, 1837~1913)가 사실은 막부 내 지지 기반이 매우 허약했던 점, 그리고 막부의 수상이며 실질적으로 막부를 총괄하는 로주(老中) 권력의 구조적 취약성 등이 막부 붕괴의 원인이었던 것으로 보인다.

마지막 4, 5장은 독자들에게 다소 의외로 들릴지 모르겠으나 메이지 유신 과정에서 유학(儒學)과 '사대부적 정치 문화'가 의외로 적지 않은 역할을 했다는 주장을 전개했다. 메이지 유신을 이해하는 기존의 입장은 서양의 충격을 일방적으로 강조하는 것이었다. 일본은 다른 동아시아 국가들과는 달리 사무라이 사회라는 비동아시아적 사회였다가 서양의 충격을 받아 급속히 근대화의 길로 달려갔다는 것이다. 즉 '일본적 사회 → 서양의 충격 → 근대화'라는 인식이다. 일면 타당하다. 그러나 필자는 서양의 충격 이외에 다른 요소도 아울러 고려해야 한다고 본다. 바로 유학, 혹은 동아시아(중국) 국가 모델에 대한 지향이다.

일본은 18세기 말부터 급속히 유학[1]이 확산되었다. 19세기는 아마도 일본 역사상 가장 유학(중심은 주자학)이 번성한 때일 것이다. 그런데 이 유학은 병영국가(兵營國家)[2]인 도쿠가와 체제와는 잘 맞지 않는 사상이다. 도쿠가와 체제에서 유학은 '위험 사상'이 될 수 있었다.[3] 유학이 확산됨에 따라 이 사무라이 체제는 동요의 기미를 보이기 시작했다. 다시 말해 '서양의 충격(Western Impact)'이 있기 전에 '유학적 영향(Confucian Influence)'에 따른 체제 동요가 이미 시작되었다. 즉 '일본적 사회 → 유학적 영향(동아시아 국가 모델의 수용 시도) → 서양의 충격 → 근대화'라는 궤도를 걸었다는 것이다.

실제로 도쿠가와 막부의 쇼군을 타도하고 천황을 옹립하는 운동에 뛰어든 사람들은 메이지 정부의 수립을 유학적 정치사상에 따라 봉건제(封建制)에서 군현제(郡縣制)로 전환된 것으로 이해했다. 학교가 그 이전에 볼 수 없었을 정도로 많이 설립되었고, 사무라이(군인)들이 학교를 다니는 기현상이 보편화되었다. 무술 실력도 여전히 중요했지만, 그에 못지않게, 아니 그보다 더 유학 소양은 사무라이들의 위신과 출세에 중요해졌다.

세계 역사상 유례가 드물게 200년이 넘는 장기 평화가 지속된 도쿠가와 사회에서 일반 사무라이[4]들은 군인으로서의 존재 의의를 잃어버리고, 방대한 관료제의 말단 실무자, 즉 리(吏)로 변해 갔다. 그들은 조선의 양반들과는 달리 정치에 참여할 의사도 그럴 기회도 별로 없었다. 이런 그들에게 유학이 급속히 침투하면서 그들은 '사(士)'가 되어 갔다.(사무라이의 '사화(士化)') 그리고 정치에 관심을 갖고 적극적으로 발언하기 시작했다. 물론 사무라이로서의 정체성이 약화된 것은 아니었다. 이들은 메이지 정부가 폐도령(廢刀令)을 내릴 때까지 칼을 내려놓지 않았다. 칼 찬 사대부! 문무(文武)의 결합 속에서 그들의 행동력은 커져 갔다.

19세기에 사무라이들이 벌인 전대미문의 전국적인 정치 운동(전투가 아니다!)은 이런 배경에서 일어난 것이었다. 이때 이들은 마치 명대(明代)의 중국 사대부나 조선조의 양반들처럼 '학적(學的) 네트워크'를 형성하고, 그에 기반을 두고 당파를 만들어 당쟁을 일삼았으며, 정치적 주장을 담은 상서를 쏟아 냈다. 필자는 이를 '사대부적 정치 문화'라고 명명했다. 4장과 5장에서는 이 '사대부적 정치 문화'의 확산과 사무라이의 '사화(士化)'에 초점을 맞춰 그것이 도쿠가와 체제를 동요시키고 정치 변혁을 촉발한 요소로 작용한 점을 지적하고자 한다. 이같은 필자의 문제의식이 유학에 근대적 요소가 있었다든가, 유학을 오늘날에 되살려야 한다든가 하는 주장을 하기 위한 것이 아님은 물론이다. 다만 조선이나 청과는 다른 시기적·사회적 맥락 하에서 나타난 19세기 일본 사회와 유학의 흥미로운 관계 양상을 주목해 보고자 하는 것이다.

4장에서는 주로 18세기 말 이후 유학이 사무라이 사회에 확산되는 양상을 소개하고, '사대부적 정치 문화'의 개념에 대해서 설명한다. 5장에서는 더 이상 군인이나 리(吏)에 만족하지 않고 정치에 뛰어든 일반 사무라이들이 학적(學的) 네트워크, 당파, 상서 등 사대부적 정치 문화를 이용하여 정치적 주장을 개진하고 행동하는 구체적인 모습을 살펴보고, 이것이 도쿠가와 체제를 동요시킨 점을 살펴볼 것이다.

이상이 이 책의 구성과 요지이다. 전체적으로 외부 환경과 그에 대한 인식(2장), 기성 체제(3장)와 변혁 세력(4, 5장)의 대응 양상으로 크게 나눠 볼 수 있겠다. 독자들이 이런 전체 구조를 염두에 두고 읽어 나간다면 이 책을 좀 더 쉽게 이해할 수 있을 것이다.

끝으로 이 책의 초고를 읽고 비평해 주신 많은 분들께 감사드린다. 일일이 이름을 밝히지 못하여 죄송하나 그 분들의 도움으로 이 책이 좀 더 나아질 수 있었다. 특히 2장은 서울대 인문 강좌(서울대 박물관, 2012년 4월)에서, 4장과 5장은 일본 역사학연구회(歷史學研究會) 심포지엄(도쿄 대학, 2013년 1월)에서 각각 발표하였고, 그 자리에서 논평자와 청중들로부터 귀중한 조언을 얻을 수 있었다. 민음사의 박지혜 편집자는 더운 여름날 필자와 씨름하며 이 책의 내용과 문장을 가다듬어 주었다. 감사를 표하고 싶다.

2014년 6월

박훈

차 례

1장

도쿠가와 체제의 구조와 특징

1. 정치체제의 성격: 막부, 번, 조정

도쿠가와 막부의 탄생과 경제적 파워

임진왜란을 일으킨 도요토미 히데요시(豊臣秀吉)는 1598년에 죽었다. 그는 부하 장군들에게 자기 아들 히데요리(秀賴)에게 충성해 줄 것을 부탁했지만 반란은 금방 일어났다. 1600년 일본 중부의 세키가하라(關ヶ原)라는 넓은 평원에서 벌어진 대규모 전투에서 이긴 자가 바로 도쿠가와 이에야스(德川家康)이다. 그는 1603년 자신의 본거지인 에도(江戶: 지금의 도쿄(東京))에 막부를 열고 조정으로부터 쇼군(將軍, 정식 명칭은 세이이타이쇼군(征夷大將軍))의 칭호를 받았다. 도쿠가와 막부(德川幕府, 혹은 에도 막부(江戶幕府)라고도 한다.)의 출발이다. 이웃 조선은 임진왜란의 후유증으로 힘겨워하고 있었고, 명나라는 점점 만주 여진족의 위협을 느낄 때였다. 영국, 프랑스, 네덜란드 등 유럽 세력은 각각 동인도회사를 설립하여 아시아에 진출했지만, 아직 아시아의 국가들에게 큰 위협은 되지 못했다.

동아시아에는 전통적으로 두 개의 국가 모델이 있었다. 하나는 군현제(郡縣制)로, 중앙정부가 전국에 군과 현이라는 지방 행정 단위를 설치하고 지방관을 임명하여 직접 통치하는 것이다. 또 하나는 봉건제(封建制)로, 중앙정부가 존재하기는 하나 지방은 각각 독자적인 정치체제로 운영되며 지방 권력은 세습되는 분권적인 형태이다. 이 두 국가 모델 중 어떤 것이 더 좋으냐에 대해서는 많은 논쟁이 있었지만, 조선과 중국은 대체로 군현제를 채택해 왔고, 일본도 12세기까지는 마찬가지였다. 교토(京都)에 있는 천황 정부는 적어도 명목상으로는 전국을 관할했고, 지방관의 임면권(任免權)도 갖고 있었던 것이다.

그러나 12세기 말 실권을 장악한 일본의 사무라이 세력은 봉건제를 채택했다. 무사단의 우두머리가 각 지역의 영주가 되어 세습적으로 통치했고, 그 무사단들의 우두머리인 쇼군이 설치한 막부가 중앙정부가 되었다. 그 최초의 막부가 미나모토씨(源氏)의 가마쿠라 막부(鎌倉幕府, 1185~1333)다. 이어 아시카가씨(足利氏)의 무로마치 막부(室町幕府, 1336~1573)가 그 뒤를 이었고, 그 후 약 100년간의 전국시대(戰國時代, 1467~1573)를 거쳐 도쿠가와 막부(1603~1868)가 수립되었다. 이 도쿠가와 막부는 1868년 메이지 유신 때까지 존속했으므로 일본은 약 700년 가까이 사무라이 세력에 의한 봉건제, 막부 지배가 계속되었던 것이다.

그런데 도쿠가와 막부는 비록 군현제를 실시하지는 않았으나 이전의 막부 정권에 비교하면 중앙집권적인 성격을 강하게 갖고 있었다. 그것은 도쿠가와 막부가 다른 다이묘(大名: 봉건영주)들을 압도할 힘을 갖고 있었기 때문이다. 막부는 거대한 에도 성(江戶城, 현재는 천황이 거주하는 고쿄(皇居))을 쌓고 인구 100만(18세기 당시)의 대도시를 건설하였다. 에도에는 막부의 가신인 하타모토(旗本)와 고케닌(御家人)들이 상시적으로 거주하였다. 이들은 막부로부터 봉록을 받는 대신 막부에 대한 군사적 의무를 갖는 자들었다. 쇼군을 배알할 자격이 있는 하타모토가 약 5000명, 그 아래의 고케닌이 1만 5000명 정도 있었다. 이들은 막부의 행정사무를 담당하였고, 막부의 직접적인 군사적·정치적 지지 기반이라고 할 수 있었다. 또 막부는 전국 요소요소에 자기와 가까운 다이묘를 배치하여 비판 세력을 제압하였다.

경제적으로도 막부의 힘은 압도적이었다. 당시 일본 전체의 쌀 생산량은 약 3000만 석(石) 가까이 되었는데, 막부가 직접적으로 장악한 양이 약 420만 석에 달했다. 여기에 막부의 가신들인 하타모토들과 고케닌들이 지배한 것이 약 260만 석 정도였으므로 합이 700만 석 가까이 되어, 실로 전국 생산력의 25퍼센트가량을 장악하고 있었던 것이다. 막말에 막부를 타도한 사쓰마 번(薩摩藩)이나 조슈 번(長州藩)이 각각 77만 석, 40만 석 정도였고, 전체 도자마번(外樣藩: 도쿠가와 시대 지역 단위인 번(藩)들을 나누는 종류 중 하나로, 세키가하라 전투에서 도쿠가와 세력에 반대했던 번들)을 다 합친 석고(石高: 쌀 생산량)가 980만 석 정도였던 걸 보면, 막부의 경제력이 얼마나 대단했던가를 알 수 있을 것이다. 참고로 천황의 경제력은 대략 3만 석이었고 유력한 공경(公卿: 조정 귀족) 집안은 3000석 정도였으며, 천황과 공가(公家), 즉 조정의 전체 석고를 다 합쳐도 15만 석 미만으로 중간 규모의 번 정도였다.

도쿠가와 시대 초기 석고(石高) 분포표[1]

토지 소속	석고량
조정	14만 1151석
막부	421만 3171석
하타모토·고케닌 (쇼군 직속 가신단)	260만 6545석
신번·후다이번	932만 5300석
도자마번	983만 4700석
신사 및 사찰	31만 6230석

　막부는 또한 전국의 경제적 요충지를 장악하고 있었다. 우선 에도 주변의 간토(關東) 지역과 교토 주변의 기나이(畿內) 지역 대부분을 수중에 넣었다. 이 지역은 각각 쇼군과 천황이 거주하는 곳으로 정치·군사적으로도 중요한 지역인 동시에, 상품작물과 수공업이 발달한 경제적 요지였다. 특히 교토 인근의 오사카(大阪)는 '천하의 부엌'이라고 불린 데서도 알 수 있듯이 전국 경제의 중심지였다. 전국에서 생산된 산물들이 오사카에서 거래되었으며, 대상인들도 오사카에 모여 있었다. 막부는 도요토미 히데요시가 건설한 거대한 오사카 성을 장악하여 전국의 경제를 통제하는 한편, 인근 교토의 천황과 조정 공경들을 감시했다.

　한편 막부는 나가사키(長崎)를 직할령으로 삼아 해외무역을 독점했다. 일본이 16세기의 개방 체제에서 쇄국 체제로 옮겨 가는 과정은 뒤에서 다루겠지만, 나가사키는 쇄국 체제 하에서 유일하게 서양(네덜란드)과 무역을 하는 도시였다. 막부는 네덜란드 상인들이 나가사키에 거주하는 것을 허용하고 그들을 통해 서양과 무역을 하는 한편, 서양에 대한 정보도 독점했던 것이다. 나가사키에는 청나라 상인도 다수 왕래하여 활발한 무역 활동을 벌였다.

그 밖에 막부는 전국의 주요 광산을 장악해서 금·은·동 등의 귀금속을 수중에 넣었다. 이 광산 지배권을 바탕으로 막부는 화폐를 발행하였는데 일본의 중앙정부가 통일 화폐를 발행한 것은 고대 이래 수백 년 만이었다. 그만큼 도쿠가와 막부의 전국 지배권이 단단했던 것이며 중앙정부로서의 신용이 높았다는 얘기다. 단 이것이 나중에는 막부에 독이 되었다. 19세기에 접어들면서 막부 재정이 급속히 악화되었는데, 다른 번들은 재정난을 극복하기 위해 과감한 개혁을 실시한 반면에, 화폐 주조권을 갖고 있던 막부는 금화, 은화의 순도를 낮추는 화폐 개주를 통해 그 차익금을 차지하는 안이한 방식을 거듭 실시했다. 그 결과 괴멸적인 인플레이션을 초래하고 말았던 것이다.

방대하고 정교한 관료제

도쿠가와 막부는 가마쿠라 막부나 무로마치 막부에서는 볼 수 없었던 방대한 관료제를 구축하였다.[2] 이하 서술은 독자들에게 좀 낯설겠지만 이 책을 읽기 위한 기초 지식에 해당되므로 주의 깊게 읽어주기 바란다. 막부 관료제의 수반을 로주(老中)라고 하는데, 대개 임명된 다섯 명 중 선임자가 수석 로주가 되어, 한 달에 한 번씩 돌아가면서 업무를 주관하는 월번제(月番制)로 운영되었다. 로주들은 기본적으로 합의를 통해 정책을 결정했다. 그리고 중소 규모의 후다이번(譜代藩:

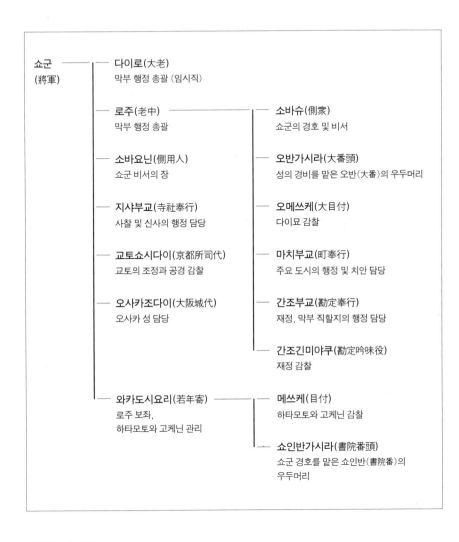

막부 관료제 조직도

세키가하라 전투를 비롯해 수많은 전투에서 도쿠가와 세력 편에 섰던 번들) 출신만 로주에 임명될 수 있었다. 이런 상황이었기 때문에 특정 로주에게 권력이 집중되는 현상은 별로 일어나지 않았다. 로주는 막정(幕政: 막부 정치)을 총괄하는 한편, 다이묘들을 관리·감시하는 역할도 했다.

로주를 보좌하여 막부의 중심적인 역할을 한 것이 와카도시요리(若年寄)인데, 이들은 주로 하타모토들을 관리·감시하였다. 로주 밑의 직책 중에는 마치부교(町奉行), 간조부교(勘定奉行)라는 중요한 역직이 있었다. 마치부교는 주요 도시의 행정과 치안을 담당하는 직책인데, 제일 중요한 것은 에도의 남북에 설치된 마치부교였다. 이 밖에도 오사카, 교토 등 주요 도시에 마치부교가 있었다. 간조부교는 재정과 막부 직할지(天領)의 행정을 담당했다. 막부의 직할지에는 지방관인 다이칸(代官)이 파견되었는데, 이들을 통솔하는 것이 간조부교였다. 간조부교는 막부 내 서열은 다른 부교들보다 낮았으나 재정을 담당하는 만큼 실력자들이 주로 진출하였기 때문에 그 영향력은 컸다. 또 전국의 사찰과 신사(神社)를 관장하는 지샤부교가 있었다. 마치부교와 간조부교에는 하타모토가 취임했으나 이 지샤부교에는 후다이번의 다이묘가 임명되었다. 이상 세 개의 부교가 막부의 핵심 실무 기구로 흔히 삼부교(三奉行)라고 한다.

이 외에 중요한 직책이 메쓰케(目付)이다. '눈(目)을 붙인다(付).'라는 의미의 명칭에서도 짐작되는 것처럼 이 직책은 막부의 감시·감찰 기관이었다. 로주 휘하에 있는 오메쓰케(大目付)는 다이묘를, 와카도시요리의 지휘를 받는 메쓰케(目付)는 하타모토를 감시하였다. 감시

에도 성 단면도

우측 상단의 단면도는 에도 성 전체, 좌측은 그중 쇼군의 거주 건물인
혼마루를 확대한 것이다. 혼마루에서 쇼군은 주로 나카오쿠와
오오쿠에 기거했고, 오모테에서는 역인들이 근무했다.

기능 외에도 메쓰케는 다양한 역할을 수행했다. 막부의 명령을 포고하는 역할을 담당했고, 반대로 막부에 대한 탄원 등도 원칙적으로 메쓰케를 통하도록 되어 있었다. 그러나 도쿠가와 시대 내내 메쓰케는 여론을 막부에 충실히 전달하지 못했다. 이 때문에 뒤에서 설명할 것처럼 막말기 개혁가들은 메쓰케가 중국의 언관(言官) 같은 역할을 할 것을 촉구하기도 했다. 이 밖에 막부는 지방에 일이 있을 때도 주로 메쓰케를 파견하였다.

에도 성의 구조

이상이 막부 정치를 담당하는 주요 직책이다. 이들은 에도 성의 바깥쪽(오모테)에서 업무를 보았다. 에도 성은 크게 오모테(表), 나카오쿠(仲奧), 오오쿠(大奧)로 나뉘는데, 일본 드라마로 우리에게도 친숙해진 오오쿠는 쇼군의 여인들이 사는 곳이었다.[3] 우리로 치면 후궁이다. 나카오쿠는 쇼군이 낮에 거주하던 공간이다. 그런데 문제는 그가 오오쿠에는 자주 드나들어도 오모테에는 좀처럼 나오지 않는다는 것이었다. 쇼군은 다이묘들이 배알하러 올 때 그들을 맞이하는 의식에 참여하기 위해 오모테에 나올 뿐 정사를 돌보기 위해 나오는 경우는 드물었다. 그렇다면 쇼군의 결재가 필요한 경우에는 어떻게 했을까. 로주가 나카오쿠에 들어가는 경우도 있었으나, 대부분은 쇼군의 비서라고 할 수 있는 소바요닌(側用人)이 로주 등 오모테의 역인(役人)[4]과 쇼군의 의사 교환을 중개하였다. 따라서 쇼군에게 용이하게 접근할 수 있는 소바요닌이 로주를 능가하는 실권을 행사하는 경우가 종종 있었다.

이것은 조선의 국왕과는 좋은 대조를 보인다. 조선 국왕은 수시로 어전회의를 주재하며 신하들과 정사를 논의하였다. 물론 국왕에 따라 정무를 게을리하는 경우도 많이 있었으나, 적어도 공식적으로는 직접 모든 정무를 보는 것〔萬機親裁〕이 정당한 것으로 여겨졌다. 막부의 쇼군에게는 이런 것이 기대되지 않았고, 실제로 쇼군들은 정무에 관한 어전회의를 주재하는 일이 드물었다. 물론 초기의 창업자들과 8대 쇼군 도쿠가와 요시무네(德川吉宗)같이 직접 정무를 챙긴 쇼군들도 있었으나, 적어도 18세기 후반 이후부터는 일상적으로 정무에 간여하는 쇼군은 거의 없었다. 쇼군은 에도 성에 등성하는 다이묘들을 만나거나 성내에 있는 역대 쇼군의 위패를 참배하는 것이 주 업무였다. 이것은 다이묘들도 마찬가지였다. 이처럼 도쿠가와 시대의 군주 권력은 일상 정무에 대한 간여도가 약했던 것이다. 19세기에 들어 이런 정치형태를 개혁하고자 많은 개혁가들은 군주 친정을 주장하게 되는데, 이에 대해서는 5장에서 자세히 다루도록 한다.

번(藩)이란 무엇인가

도쿠가와 시대에는 전국적으로 260여 개의 지방마다 영주가 있었다. 이 지방 영주를 다이묘, 또는 번주(藩主)라고 하고, 그들이 다스리는 봉건국가를 번(藩)이라고 한다. 이 번들의 성격이나 규모는 매우 다양했다. 어떤 번들은 전국시대 이전부터 계속되어 오랜 역사를 자랑하는 집안이 다스리는가 하면, 도쿠가와 때에 와서 탄생한 번들도 많았다. 크기도 한국의 경기도만 한 것이 있는가 하면, 지방 소도시만 한 것도 있었다.

이 번들을 분류하는 방법은 몇 가지가 있는데, 대표적인 것은 신번, 후다이번, 도자마번이다.[5] 신번(親藩)은 이름 그대로 도쿠가와의 친척에 해당되는 가문들이 다스리는 번이다. 도쿠가와의 원래 성이 마쓰다이라씨(松平氏)였기 때문에, 신번들의 다이묘 가문은 모두 도쿠가와씨 아니면 마쓰다이라씨였다. 이들은 대부분 다스리는 번의 규모도 컸지만, 사회적으로도 높은 대우를 받았다. 그러나 이들은 막부에서 직책을 맡거나 정치에 간여하는 것이 금지되어 있었다. 이것은 조선이나 중국의 종실(宗室)도 마찬가지였는데, 바로 종가(막부)의 지위를 위협할 수 있는 존재들이었기 때문이다. 막말기의 정치 변혁은 바로 이들이 정치에 개입하면서 일어난 측면이 있다.

신번 중에서도 가장 중요한 것이 세 개의 주요 가문, 고산케(御三家)이다. 이들은 모두 도쿠가와 이에야스의 아들들을 시조로 하는 집안인데, 오와리 번(尾張藩), 기이 번(紀伊藩), 그리고 막말기에 존왕양이(尊王攘夷)의 메카로 유명해지는 미토 번(水戶藩)이다. 이들은 종가에 가장 가까운 혈연으로 유사시에 종가를 보위하는 것이 이들의 일차적인 임무지만, 그와 함께 종가에 쇼군의 후계가 단절될 경우 양자(養子)를 내어 대를 이어야 하는 중요한 위치에 있었다. 실제로 이에야스가 막부를 연 지 100년이 조금 지났을 때에 종가의 후계가 단절되어 기이 번의 다이묘가 쇼군이 되었다. 이 사람이 8대 쇼군 도쿠가와 요시무네다.

요시무네는 대가 끊길 경우 자신의 자손들이 대를 잇게 하기 위해 새로운 가문을 창설했다. 이것이 고산쿄(御三卿), 즉 다야스가(田安家), 히토쓰바시가(一橋家), 시미즈가(淸水家, 단 이 가문은 요시무네 이후에 창설)다. 도쿠가와 시대 최장기 집권 쇼군인 제11대 도쿠가와 이에나리(德川家齊, 재위 1787~1837)는 히토쓰바시가 출신이다. 나중 얘기이지만 역사상 유명한 1858년의 쇼군 후계 분쟁은 기이 번 출신의 도쿠가와 요시토미(德川慶福: 훗날의 14대 쇼군 도쿠가와 이에모치(德川家茂))와 히토쓰바시가의 히토쓰바시 요시노부(一橋慶喜: 훗날의 15대 쇼군 도쿠가와 요시노부, 도쿠가와 막부의 마지막 쇼군)가 맞붙은 것이었다. 히토쓰바시 요시노부는 미토 번에서 양자로 간 사람이었기 때문에 결국 고산케의 두 집안인 기이 번과 미토 번의 대결이었던 것이다. 정권 또는 체제의 균열은 혁명 세력이나 반체제 세력이 만드는 경우도 있지만, 정권(체제) 핵심 세력의 반목이 결정적인 역할을 하는 경우가 꽤 있다. 막말기가 그 좋은 사례인데 이에 대해서는 뒤에서 다시 살펴볼 것이다.

후다이번(譜代藩)은 대대로 도쿠가와 집안에 충성을 다해 온 가문들이 다스리는 번을 말한다. 이들은 도쿠가와씨가 미약한 영주에 불과했던 시절부터 세키가하라 전투를 거쳐 전국의 패자가 되기까지 수많은 전투를 함께해 온 가문들이었다. 따라서 이들에 대한 신뢰는 두터울 수밖에 없어서, 막정의 요직은 이들이 대부분 차지했다. 특히 막부의 수반이라고 할 수 있는 로주에는 중소 규모 후다이번의 다이묘만이 취임할 수 있었다. 후다이번은 전국의 요소요소에 배치되었는데, 후다이번과 신번의 경제적 실력, 즉 석고(石高)는 합쳐서 930만 석 정도로 전 석고의 30퍼센트를 차지하고 있었다.(앞의 석고 표 참조)

이 중 로주를 배출하는 핵심 가문의 번은 40여 개 정도였고, 로주를 낼 수는 없으나 규모가 크고 유서가 깊은 후다이번은 7개 정도였다. 후다이번의 가문 중 가장 큰 가문들은 직접 정치에 나설 수 없었다. 원래 전사들인 이들이 행정을 그다지 명예로운 일로 여기지 않았고, 쇼군 입장에서도 로주의 힘이 너무 커지는 것을 경계했기 때문이다. 그러나 이들은 비공식적으로 막부 정치에 영향을 끼쳤으며, 막부 위기 시에는 전면에 나서기도 했다. 다이로(大老)에 취임하여 반대를 무릅쓰고 미일통상조약 체결을 강행했다가 1860년 에도 성 밖에서 낭사들에게 살해된 유명한 이이 나오스케(井伊直弼)는 바로 후다이번 최고의 명문가 히코네 번(彦根藩)의 다이묘였다.

다음으로 도자마번(外樣藩)은 세키가하라 전투에서 도요토미 편에 가담하여 이에야스와 싸웠던 가문들이 다스리는 번이다. 이들은 도쿠가와씨에 복종을 맹세한 대신 멸문지화는 면했으나 영지는 대폭 축소되었다. 그러나 이들은 원래 큰 영지를 갖고 있었고 대부분 유서 깊은 집안들이었기 때문에, 영지가 축소되었다고는 해도 다른 번들에 비해 규모가 큰 번들이 많았다. 가장 큰 가가 번(加賀藩)은 영지의 석고가 100만 석을 넘었고, 막말기에 막부를 타도하는 데 앞장서는 사쓰마 번은 72만 석, 조슈 번은 40만 석 정도였다.(공식 석고 수보다 실제 수입은 훨씬 많았다.) 고산케인 오와리 번이 62만 석, 기이 번이 55만 석, 미토 번이 35만 석 정도였던 걸 보면 주요 도자마번의 규모가 얼마나 컸던지 짐작할 수 있을 것이다. 그래서 막말기에는 이들을 '웅번(雄藩)'이라고 불렀다. 이들의 영지는 주로 일본열도의 외곽 지역, 즉 혼슈(本州)의 서쪽

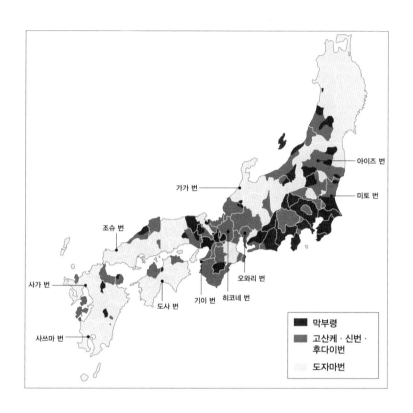

의 내부 범례:
막부령
고산케 · 신번 · 후다이번
도자마번

전국 번 배치도

막부 영지는 간토와 간사이의 요충지에 집중되어 있고,

신번과 후다이번의 영지는 도자마번에 대한 방어를 염두에 두고 있음을

알 수 있다. 도자마번은 주로 동북과 서남 지역의 변두리에 배치되어 있다.

끝이나 규슈(九州) 지역, 또는 도호쿠(東北) 지역에 분포되어 있었다.(전국 번 배치도 참조) 도자마번의 석고를 다 합치면 980만 석 정도로 전체의 30퍼센트를 넘었다.(당시의 전체 석고 비율을 대략 비교하면, 막부 직할령과 하타모토령 25퍼센트, 후다이번 30퍼센트, 도자마번 30퍼센트, 신사·사찰 10퍼센트, 조정 5퍼센트라 할 수 있다.) 도자마번들은 세키가하라 전투 패배 이후 도쿠가와씨에 복종하기는 했으나 내심 그때의 원한을 간직하고 있었다. 막부도 이들에 대한 감시에 특히 신경을 썼다. 그러나 결국 이들의 대표 격인 사쓰마, 조슈에 의해 도쿠가와 막부는 멸망한다.

막부와 번의 관계

메이지 유신이 일어나기 전까지 도쿠가와 시대 260여 년간 번들은 막부에 매우 순종적이었다. 도전다운 도전은 거의 없었다. 도쿠가와 막부의 통제책이 그만큼 효과적이었다. 번들을 통제하기 위해 막부는 여러 가지 제도적 장치를 마련했다.[6] 막부 초기에는 반항적인 번들을 없애거나(改易), 영지를 삭감하거나(減封), 외진 곳으로 옮기는(轉封) 등의 강압적인 방법을 사용했다. 이는 영지의 여탈권을 막부가 갖고 있다는 사실을 다이묘들에게 주지시키는 데 효과적이었다. 또한 무가제법도(武家諸法度)라는 규정을 만들어 통제했다. 무가제법도는 17세기 동안 몇 번 개정되었는데, 막부의 허가 없이 다이묘 가문끼리 결혼하는 것을 금지했고, 조정 공경 가문과 결혼할 때도 막부의 허락을 받도록 했다. 또 쌀 500석 이상을 실을 수 있는 대형 선박의 제조를 금지했는데, 이는 다이묘가 해상을 장악하여 반란을 기도하는 것을 막기 위한 것이었다. 성(城)의 신축이나 증축도 금지되었다.

무가제법도의 백미는 참근교대제(參勤交代制)였다. 모든 다이묘는 일정 기간 자기 번을 떠나 에도에 머물러야만 했던 것이다. 특히 다이묘의 정처(正妻)와 적자(嫡子)는 에도 밖으로 나갈 수 없었다. 일종의 인질이었던 셈이다. 다이묘는 이 때문에 자신의 가족과 가신(家臣)들을 위해 대규모의 저택, 즉 번저(藩邸)를 짓고 유지해야만 했다. 에도의 높은 물가를 감안할 때 이는 적지 않은 부담이었다. 자기 번과 에도를 왕복하는 비용도 엄청났다. 큰 번의 경우 수백 명의 가신들을 이끌고 길게는 수십 일에 걸친 행차를 해야 했으므로 그에 드는 비용은 막대했다. 이 가신들의 에도 체류 비용도 만만치 않았다. 이것을 거의 매년 반복해야 했으므로 참근교대제는 다이묘 재정난의 주원인이었다. 막부는 인질 효과뿐 아니라 이 점도 노렸다.

이처럼 막부는 교묘한 통제 장치로 번들을 장악하는 데 성공했고, 260여 년 동안 단 한 번의 다이묘 반란도 없었다. 그러나 번과 다이묘의 자율성도 꽤 존재했다는 점 역시 놓쳐서는 안 된다. 각 번이 막부의 종주권을 인정하는 대신 막부는 번의 행정권, 징세권, 경찰권을 인정해 주었다. 이 때문에 각 번은 막부의 강한 규제를 받기는 하지만 흡사 별개의 국가 같은 성격을 띠었다.[7] 그래서 도쿠가와 체제를 '복합국가'라고 말하기도 한다. 물론 260여 개의 모든 번이 국가의 성격을 가졌던 것은 아니다. 거기에는 몇 가지 조건이 필요했다. 첫째, 어느 정도 규모가 클 것. 대체로 10만 석 이상의 규모가 되어야 했다. 둘째, 한 가문이 교체 없이 장기간 영지를 지배할 것. 번주 가문이 자주 바뀌는 경우는 번주-가신단-영민(領民) 사이에 일체감이 형성되기 어렵기 때문이다. 셋째, 경제적·재정적으로 어느 정도의 자립을 유지할 수 있을 것 등이다.

특히 번의 국가화 경향은 18세기 후반 이후 강화된 것으로 보인다. 당시 이미 대부분의 번에선 특수한 경우를 제외하고는 다이묘 가문이 바뀌는 일은 없어졌다. 또 이 시기부터 현저해진 각 번의 식산흥업 정책은 번을 하나의 경제단위로 형성하는 데 크게 기여했다. 번 정부는 앞장서서 농민들의 특산물 생산을 장려하고 유통을 장악하였으며, 번 바깥으로의 수출을 주도하였다. 또 경제 활성화를 위해 번 내에서만 유통되는 번찰(藩札: 지폐)을 발행하기도 했다.

이처럼 반(半)독립적인 번이 다수 존재했다는 점은 막말기의 변혁 과정에서 중요한 의미를 지닌다. 첫째, 각 번들 간의 경쟁의식이 강했다. 태평 시대에는 이것이 사치 경쟁, 체면 경쟁으로 나타났다. 참근교대 행렬을 화려하게 꾸미기 위한 번들의 경쟁이 심각해지자 막부가 일일이 제한 규정을 두어야 할 정도였고, 번주들의 에도 번저 생활도 경쟁적으로 화려해져 갔다. 번주들은 더 높은 관위(官位)를 받기 위해 막부와 조정에 치열하게 공작했다. 또 막부로부터 보조금을 타내기 위한, 혹은 쇼군의 자식을 양자나 처로 얻기 위한 각종 공작도 치열해졌다.

한편에서는 '인정(仁政)' 경쟁도 있었다. 에도에는 수많은 다이묘들과 각 번에서 올라온 번사(藩士: 다이묘에게 속한 무사)들이 모여 살고 있었기 때문에 그들 사이에 각 번의 통치 상황은 늘 화제였고 비교

대상이었다. 어느 번의 다이묘가 선정을 베풀었다는 소문은 그 번 관계자들의 어깨를 으쓱하게 만들었고, 그 반대의 경우는 체면이 깎이는 일이었다. 도쿠가와 시대에 다이묘들이 자기 번에서 백성 잇키(百姓一揆, 농민 소요(騷擾))가 발생하는 것을 극히 꺼려했던 것도 이처럼 에도에서 어느 번주는 악정을 하더니 결국 잇키가 발생하고 말았다는 소문이 나는 것을 두려워했기 때문이기도 했다. 이른바 '가이분(外聞)에 관계된다.'는 말, 즉 남이 어떻게 볼지 두렵다는 것이다.

이처럼 도쿠가와 시대 각 번 사이에는 어느 정도의 경쟁 시스템이 있었는데, 19세기 내우외환의 시기에 접어들자 이 경쟁은 급격히 치열해졌다. 이제는 사치, 체면의 경쟁이 아니라 생존을 위한 부국강병의 경쟁, 개혁의 경쟁이 시작된 것이다. 유력 번들은 중앙정부인 막부의 지시를 기다릴 것도 없이 '자기 국가'가 살아남기 위해 노력했다. 이런 점에서 당시 다이묘의 입장과 조선, 청의 지방관의 입장은 전혀 다르다고 할 수 있겠다. 유력 번들은 재정을 확보하기 위해 상품작물 등 강력한 식산흥업 정책을 경쟁적으로 취하고, 그 이득을 차지하기 위해 전매 정책을 거리낌 없이 실시했다.[8] 이 과정에서 상품작물을 생산하는 농민들이 이득 분배를 요구하면 많은 경우 가차 없이 진압되었다. 또 번 간의 무역도 이루어졌다. 이를 통해 훗날 메이지 유신의 주역이 되는 서남웅번(西南雄藩: 사쓰마, 조슈, 도사 등 서남쪽에 있는 큰 번)들은 어느 정도의 재정을 확보할 수 있었다. 이처럼 일본 안에 존재하는 복수의 정치체가 서로 경쟁의식을 갖고 생존을 위해 치열하게 노력했다는 점이 대내외 위기에 민감하고 적절하게 대응할 수 있었던 원인 중의 하나였을 것이다.

둘째, 이 번들은 변혁 과정에서 사회적 중간 단체 역할을 했다. 번이 중간 단체로서 존재했기 때문에 일본은 대대적인 변혁 과정에서도 사회질서가 파국적으로 붕괴되지 않고 어느 정도의 치안이 유지될 수 있었다.[9] 조선이나 청의 경우 이 중간 단체가 없거나 취약했다는 점이 변혁을 추진하지 못한 하나의 원인으로 지적되는 걸 생각해 보면 이 점은 주의할 만하다. 더구나 번의 국가화가 진행되면서 번 정부와 가신단, 영민 사이의 관계가 더욱 긴밀해짐에 따라 중간 단체인 번의 영향력도 점점 증대되어 갔다.

천황과 조정의 상황

도쿠가와 시대 천황의 위치와 역할에 대해서는 여러 학설이 분분하다. 그러나 분명한 것은 이 시대의 천황은 메이지 이후의 천황에 비해 존재감이 현격히 떨어진다는 점이다. 천황은 정치에 간여할 수 없었을 뿐 아니라, 군사력은 전혀 없었고, 경제력은 거의 전적으로 막부에 의존했다. 조정 공경들도 사정은 마찬가지였다.

천황이 갖고 있는 권한은 두 가지였다. 하나는 연호(年號) 제정권, 또 하나는 관위(官位) 수여권이다. 그러나 연호는 막부와 협의하에 결정해야 했고, 무사에 대한 관위 수여도 막부의 뜻에 반해서 이뤄지지는 못했다. 따라서 이 두 권한에도 한계가 있었다.

천황과 조정의 존재감이 미약했음에도 불구하고 막부는 그들을 빈틈없이 통제했다. 앞서 언급한 대로 무가제법도에서는 다이묘와 조정이 가까워지는 것을 차단하는 한편 '금중 및 공가제법도(禁中 및 公家諸法度)'라는 규정을 만들어 그들을 통제하였다. 이에 따르면 천황은 정치에 관심을 가져서는 안 되고 학문과 예능에만 전념해야 했다. 실제로 도쿠가와 시대의 천황은 화재가 났을 때 인근 궁으로 대피한 것을 제외하면 거의 궐 밖 행차를 하지 않았다. 1863년 존왕양이파가 교토를 장악하여 교토 외곽의 한 신사에 참배하기 위해 나온 것이 최초였다.

이처럼 천황의 존재가 미미했기 때문에 그가 교토에 엄연히 있어도 막부의 통치에는 하등 문제될 것이 없었다. 도쿠가와씨는 1600년 세키가하라 전투와 1614~1615년의 오사카 전투(오사카에 있던 도요토미 히데요시의 아들 히데요리를 토벌한 전투)를 통해 전국적 지배권을 확립했다. 그때 지배권의 근거는 단연 막강한 군사력이었다. 막부는 권력의 정당성을 확보하기 위해 천황이 임명하는 정이대장군(征夷大將軍: 세이이타이쇼군, 쇼군의 정식 명칭) 직에 취임하거나 조선 통신사 등의 외국사절을 이용하기도 했지만, 군사력에 비하면 그러한 것들은 부차적인 것이었다. 막부는 도쿠가와씨가 천명(天命)을 받아 새 왕조를 개창했다는 식의 유교적 정당화도 하지 않았다. 천황을 대신할 일본의 새로운 통치자로서 자신을 정당화할 명분도 제대로 세우지 않고, 오히려 율령제상 천황의 신하에 불과한 정이대장군 직을 기꺼이 받아들였던 것이다. 그만큼 막부의 권력 기반은 다른 어떤 것도 아닌, 무력이었다.

18세기 전반 유학자인 아라이 하쿠세키(新井白石, 1657~1725)와 오규 소라이(荻生徂徠, 1666~1728)가 쇼군을 아예 유교적 국왕으로 리

모델링하려는 시도를 했지만 성공하지 못했다. 세상이 정권의 근거에 대한 체계적 설명을 굳이 필요로 하지 않을 때에는 이것이 큰 문제가 되지 않았다. 누구의 눈에도 막부는 범접할 수 없을 정도로 강력했고, 곳곳에 장치된 무위(武威)를 나타내는 제도들은 그런 사실을 의심할 수 없게 계속 각인했다.[10] 그러나 18세기 후반 이래 유학이 급속히 확산되자 세상은 점점 쇼군 권력의 근거에 대한 체계적인 설명을 요구하게 되었다. 막부는, 쇼군은 도대체 정치적으로 어떤 존재인가? 국왕인가, 아닌가? 왜 도쿠가와씨는 정권을 잡고 있는가? 천명인가? 그렇다면 교토의 천황은 어떤 존재인가? 막부와 그의 관계는 뭐라고 설명할 수 있는가? 막부는 이런 질문들에 대답해야만 했다.

이 문제에 대해 막부는 결국 '대정위임론(大政委任論)'이란 대답을 내놨다. 즉 막부는 천황에게서 대권을 위임받아 전국을 통치하는 존재라는 설명이다. 이것은 당시 대두하기 시작하던 존왕론(尊王論)을 만족시켰고, 막부가 통치권을 행사하는 이유를 정합적으로 설명하는 논리이기는 했다. 그러나 정당성의 원천을 독자적으로 창출해 내지 못하고 천황에게서 구했다는 점에서 양날의 칼이었다. 막부가 지금까지처럼 천황을 손아귀에 쥐고 전국적 지배력을 유지하는 동안에는 큰 문제가 없을 터이나, 그러지 못할 때 막부가 정권을 포기하고 천황에게 반환하라는 주장이 나온다면 막부 스스로도 거부하기 곤란해질 수 있었다. 실제로 대정위임론이 나온 지 약 100년 만에 막부는 스스로 '대정(大政)'을 '봉환(奉還)'할 수밖에 없게 되었던 것이다. 이것이 1867년 마지막 쇼군 도쿠가와 요시노부가 행한 대정봉환(大政奉還)이다.

2. 사무라이 신분과 쇄국 체제

사무라이 신분의 특징

도쿠가와 사회는 군인인 사무라이가 지배하는 사회였다. 이것이 과거라는 시험을 통해 선발된 문관이 지배하는 조선·중국과 큰 차이가 나는 부분이다. 그렇다면 사무라이는 어떤 성격의 지배 집단인가. 결론부터 말하자면 그들은 도시민이자 샐러리맨이었다.

원래 사무라이는 농사를 짓다가 유사시에 무장을 하는 계층이었다. 따라서 향촌에 거주하는 것이 일반적이었다. 그러나 전국시대를 거치면서, 특히 오다 노부나가(織田信長)와 도요토미 히데요시가 전국을 통일하면서 사무라이들을 향촌에서 분리시켜 도시인 조카마치(城下町)에 거주하게 하였고, 도쿠가와 시대에는 이것이 더욱 철저히 시행되었다. 이를 '병농 분리(兵農分離)'라고 한다. 이제 사무라이들은 주군인 다이묘가 거주하는 성 밑에 형성된 도시(조카마치)에 거주해야만 하는 도시민이 된 것이다.

그리고 향촌에 있을 때 이들은 자기 토지를 소유한 소영주 또는 지주들이었으나 이제 다이묘들에게 봉록을 받는 존재가 되었다. 향촌에 있는 자기 토지에 대한 소유권을 인정받은 경우에도 조카마치를 떠나 그곳에 거주하는 것은 허용되지 않았다. 요컨대 도쿠가와 시대에 사무라이는 도시에 살며 봉급을 받는 존재였던 것이다. 이것은 조선의 양반이나 중국의 신사층(紳士層)[11]과는 대조적이다. 양반이나 신사층은 얼마든지 향촌에 거주하면서 지주로서 존재할 수 있었고, 도시로 진출했다가도 낙향할 수 있었다.

도쿠가와 시대에 사무라이의 인구는 전체 인구의 7퍼센트 내외였다. 19세기 전반 일본 인구가 3500만 명 정도였으므로 당시에 사무라이는 대략 250만 명 정도였다. 이것은 지배층으로서는 대단히 높은 비율이다. 심지어 사쓰마 같은 번은 그 비율이 20퍼센트에 달했다. 청의 지배층인 신사는 전인구의 0.3퍼센트 정도였고, 대혁명 직전 프랑스 귀족과 성직자의 합산 인구는 전체 인구의 0.5퍼센트 정도였다. 이처럼 전체 인구 가운데 지배층인 사무라이가 차지하는 비율이 대단히 높았다는 점은 이 계층이 쉽게 불안에 노출될 수 있는 가능성을 보여 준다.

이 중 하급 사무라이는, 각 번마다 차이가 있으나 대체로 전체 가신단의 약 80퍼센트라는 압도적 다수를 차지했다. 하급 사무라이는 보통 쌀 100석 미만의 봉록을 지급받는 사무라이를 말하는데, 이들의 경제적 상황은 유력 상인은 말할 것도 없고 상층 농민보다 못한 경우도 많았다. 더구나 이들은 조카마치에 거주하면서 유력 상인들의 생활상을 직접 목도하고 있었으므로 그들에 대한 이들의 박탈감과 질투, 적개심은 대단한 것이었다. 당시 상인들에 대한 사무라이들의 비판은 쉽게 발견할 수 있는데, 어떤 면에서 메이지 유신에는 사무라이들의 '상인 죽이기'라는 측면도 있었다.

하급 사무라이의
경제적 곤궁

사무라이의 봉록은 일부 화폐로 지급되기도 했지만 기본은 어디까지나 쌀이었다. 당시 화폐경제가 두드러지게 발전한 것을 생각해 보면 이것은 약간 의외인데, 아마도 쌀이 갖는 상징성이 큰 작용을 한 것 같다. 문제는 쌀값이 도쿠가와 시대 내내 완만하게 상승한 데 반하여 생필품을 비롯한 여타 물가는 그보다 급속하게 상승했다는 점이다. 따라서 사무라이의 실질임금은 하향 추세가 계속되었다. 게다가 이들은 병농 분리 정책으로 농촌으로 이주할 수가 없었다. 따라서 조카마치의 고물가를 견디며 생활할 수밖에 없었는데, 생활고를 견디지 못한 사무라이 중에는 도검이나 갑옷 등 가보들을 팔거나 우산 만들기, 종이접기 등의 잡일을 하는 자들도 나타났다. 또 사례금을 받고 조닌(町人, 상인)의 아들을 양자로 받아들이는 일도 다반사였다. 결국 사무라이들은 경제적 곤궁을 면하기 위해 곧잘 조닌에게 돈을 꾸었다. 막부나 번 당국이 가끔씩 덕정령(德政令: 막부에 가신으로 속한 사무라이들의 채무를 파기해 주는 제도)을 내려 그 채무를 탕감해 주기도 했으나 사무라이와 조닌의 채무 관계는 일반적인 현상이 되었다. 빚을 갚으라고 독촉하는 조닌 앞에서 쩔쩔매며 하소연하는 사무라이의 모습을 심심치 않게 볼 수 있었다. 이런 것들은 사무라이의 자존심을 크게 상하게 하는 일들이었다. 특히 개항 이후 외국무역이 시작되자 생사(生絲) 가격이 치솟으면서 연달아 다른 물가들도 급등했다. 그 충격에 가장 치명타를 입은 계층이 도시에 사는 하급 사무라이와 도시 빈민이었다. 하급 사무라이들이 개항 이후 대거 혁명의 대열에 뛰어든 것도 무리는 아니었다.

한편 하급 사무라이들은 신분이나 지위 상승의 길이 여의치 않았다. 청이나 조선의 경우 과거제를 통해 지배 신분 내에서 사회적 이동이 어느 정도 가능했던 데 비하여 과거제가 없었던 일본에서는 가문의 일을 세습할 수밖에 없었다. 전국시대 같은 전시라면 신분이 낮더라도 무공을 세워 일약 출세하는 길이 있었으나 200년이 넘는 태평 시대에 그런 기회는 흔치 않았다. 그렇게 고정된 지배 계층 내의 서열은 매우 엄격했다. 특히 중급 이상과 하급 사무라이 간에는 굉장한 차별이 존재했다. 주택의 규모, 장식, 복장에서부터 대면했을 때의 몸동작에 이르기까지 세세하고도 엄격한 차별이 촘촘하게 규정되어 있었다. 1000석 이상의 재산을 가진 상급 사무라이와 하급 사무라이 간에는 같은 지배층이라고 묶기 어려울 정도로 심각한 차이가 있었다. 이처럼 사무라이 사회는 사회적 유동성도 약한 데다 계층 차별까지 강하게 존재했던 것이니 하급 사무라이들이 느낀 좌절감은 대단한 것이었다.

물론 불만 인구가 많더라도 이들이 흩어져 있다면 변혁 세력으로 조직되기 어려울 수도 있다. 그러나 하급 사무라이들은 한 도시에, 그것도 같은 구역에 집단 거주하고 있었다. 비록 현실은 누추하지만 이들은 지배층으로서의 자긍심을 가지고 있었다. 도시인구의 약 40퍼센트가 이처럼 현실에 대한 불만을 품으며 도시의 한 구역에 밀집해 있는 상황이었으니, 객관적으로 이미 혼란의 싹은 있었던 것이다. 이렇게 본다면 도쿠가와 체제 유지의 최대 관건은 농민이나 도시 빈민의 피폐보다는 바로 이 계층에 있었다고 볼 수 있을 것이다. 아니나 다를까 19세기 중반의 정치 소요의 중심에는 바로 이들이 있었다.

쇄국 체제의 성격

이제 눈을 해외로 돌려 보자. 16세기는 세계사적으로도 대항해의 시대였지만, 일본사에서도 '개방과 무역의 시대'였다. 때마침 일본열도에서 대량으로 채굴되기 시작한 은을 기반으로 전국시대의 다이묘들은 적극적으로 무역에 나섰다. 무역의 가장 큰 상대국은 명나라였다. 당시 명은 도자기, 차, 비단, 서적 등 세계인이 갖고 싶어 하는 하이테크 제품을 만드는 '세계 공장'이었기 때문이다. 중일(中日) 무역을 중개한 것은 동아시아에 진출한 포르투갈, 스페인, 네덜란드 등의 유럽 상인과 류큐(琉球: 지금의 오키나와) 왕국의 상인, 그리고 무장 상인 집단인 왜구(倭寇)였다. 이 무역을 통해 도자기, 차, 비단, 목면 같은 것들이 대량으로 일본에 들어와 상류층들의 필수품이 되어 갔다. 일본인들도 적극적으로 해외로 진출하였다. 특히 동남아시아로 활발히 진출해 그곳에서 '재팬 타운(니혼마치(日本町))'을 형성했다. 도호쿠 지역 센다이 번(仙臺藩)의 다이묘 다테 마사무네(伊達政宗)는 가신을 파견하여 세계 일주를 시키기도 하였다.

한편 전국시대 다이묘들은 유럽 상인들로부터 화승총(일본에서는 뎃포(鐵砲), 조선에서는 조총이라고 불렀다.) 등 첨단 무기를 앞다퉈 수입했다. 그 대금은 역시 은이었다. 그들은 수입하는 데 그치지 않고 직접 자기 손으로 뎃포를 제작하는 데도 성공했다. 이로 인해 기마전을 중심으로 한 당시의 전법은 총진 편성을 이용한 전혀 다른 전법으로 극적으로 변했다. 뎃포를 잘 이용해 승승장구한 사람이 오다 노부나가였다. 한 통계에 따르면 16세기 후반 일본이 보유하고 있던 뎃포의 총량이 유럽보다 많았다고 한다. 이 어마어마한 양의 뎃포를 보유한 군대가 바로 16세기의 끝자락에 한반도를 침략한 것이다. 더구나 그들은 이미 100년간 전쟁에 단련될 대로 단련된 자들이었다. 이들의 뎃포(조총) 공격에 조선의 육군이 속수무책이었던 것은 당연한 것이었다.

도요토미 히데요시는 이런 시대적 조류를 잘 이용한 인물이었다. 그는 해외 정보에 밝았으며 무역의 이익을 잘 알고 있었다. 그러나 무역과 전국 통일에서 얻은 힘을 무모한 조선 침략에 쏟아 부었다가 실패하였다. 그에 이어 일본의 실권자가 된 도쿠가와 이에야스도 처음에는 히데요시를 계승하여 해외무역을 장려하였다. 그는 영국인과 네덜란드인을 보좌관으로 삼고, 서양 정보를 열심히 습득하였다.

그러나 도쿠가와 막부는 결국 쇄국정책을 택하고 말았다. 거기에는 대략 두 가지 이유가 있었다. 하나는 기독교에 대한 공포다. 1543년 다네가시마(種子島) 섬에 온 예수회 신부 사비에르(Francisco de Xavier)가 시작한 기독교 포교는 특히 규슈 지역을 중심으로 큰 성공을 거둬, 신자 수가 30만을 헤아리게 되었다. 이를 우려의 눈길로 보고 있던 차에 1637년 규슈의 시마바라(島原)에서 2만 명에 이르는 기독교도들의 반란이 터졌다. 막 성립한 막부는 대군을 보내 이를 철저히 탄압하였으나, 저항이 워낙 강렬하여 크게 애를 먹었다. 이를 경험한 막

나가사키에 있는 네덜란드인 거주지 데지마 섬

막부는 네덜란드와 교역은 했으나, 일반인들이 네덜란드인과 접촉하는
것을 차단하기 위해 이처럼 나가사키 앞바다에 인공 섬 데지마(出島)를
만들어 출입을 통제했다. 그림 아래쪽에 보이는 좁은 길로만 출입이
가능했다.

부는 기독교에 대해 초강경책으로 방침을 바꿔, 이후 '기리시탄(切支丹: 기독교도)'은 극형으로 다스렸다. 이 때문에 기리시탄들은 철저히 지하로 숨어 들어가 사회 표면에 등장하지 않았다. 이는 교회당이 베이징에 버젓이 있었던 청이나, 18세기 후반 양반 중에도 많은 신자가 있었던 조선의 상황과는 대조적이다. 이에 대해서는 뒤에서 다시 다룰 것이다.

쇄국정책을 택한 또 하나의 이유는 은 유출이 심각해진 탓이었다. 앞에서 말한 대로 16세기 내내 일본열도에서는 막대한 양의 은이 채굴되어 해외, 특히 명나라로 유출되었다. 당시 일본은 명나라에 수출할 만한 상품이 딱히 없었기 때문에 비단, 차, 도자기 등 고가의 상품을 수입하기 위해 막대한 은이 빠져나갔고, 그 추세는 더욱 심각해졌다. 이런 무역구조라면 머지않아 일본 내에는 명의 사치품들이 넘쳐 나고, 일본의 은은 고갈될 것이 뻔했다. 많은 식자들이 이런 위험성을 경고했고, 막부는 이를 받아들여 무역통제로 방침을 전환했던 것이다.

막부는 단계적으로 외국과의 접촉을 줄여 가더니 1639년 포르투갈선의 내항을 금지하는 것으로 쇄국 체제를 완성한다. 단 예외가 있었으니 네덜란드였다. 네덜란드는 자신들은 프로테스탄트로 서부 일본에 퍼져 있는 예수회와는 다르다는 점, 그리고 자신들은 포교를 하지 않고 오직 무역에만 전념하겠다는 점을 납득시켜 막부로부터 무역 허가를 받아 냈다. 단, 그것은 나가사키 한 항구로만 제한되었다.

서양과의 무역 창구는 나가사키뿐이었지만 아시아 지역과 무역을 하는 통로는 몇 개가 존재했다. 먼저 현재의 오키나와 지역인 류큐 왕국을 통하는 길이 있었다. 류큐 왕국은 이때 명, 동남아시아, 일본 사이에서 중개무역을 하고 있었는데, 규슈 남단에 있는 사쓰마 번(薩摩藩)이 류큐를 통해 명의 물자를 들여왔다. 또 대한해협에 있는 쓰시마 번(對馬藩)은 조선의 부산에 왜관을 설치하여 조일(朝日) 무역을 담당했다. 이 밖에 에조치(蝦夷地: 지금의 홋카이도(北海道) 일대 지역)의 남단에 있던 마쓰마에 번(松前藩)을 통해 일본은 아이누와도 무역을 했다. 이를 합쳐 학자들은 '네 개의 창구'라고 부른다.

이처럼 쇄국 후에도 네 개의 창구를 통해 일본이 외부 세계와 무역을 했던 것은 사실이었지만, 이것은 쇄국 전의 무역 활황과 비교하면 미미한 것이었다. 무역량도 현저히 감소하였지만 더 중요한 것은 막부가 무역을 철저히 관리했다는 점이다. 또한 부산의 왜관을 제외하고 일본인이 해외로 도항하는 것은 엄금되었다. 가끔씩 조선 통신사나 류큐의 사절단, 혹은 나가사키에 있던 네덜란드 상인의 대표〔商館長〕 일행이 에도를 방문하는 경우는 있었으나, 일본인들이 일상적으로 외국인을 접할 기회는 매우 드물었다. 막부의 사절단이 외국에 가는 일은 도쿠가와 시대를 통틀어 단 한 번도 없었다. 비단, 차, 도자기 등도 18세기에는 국내 생산에 성공하여 더 이상 수입에 의존하지 않아도 되었다. 일본이 경제 운영을 위해 외국에서 반드시 수입하지 않으면 안 되는 상품은 매우 적었다. 경제적으로도 자급자족 체제였던 것이다. 이런 쇄국 체제에 변화가 찾아오기 시작한 것은 18세기 말 러시아의 등장이었다.

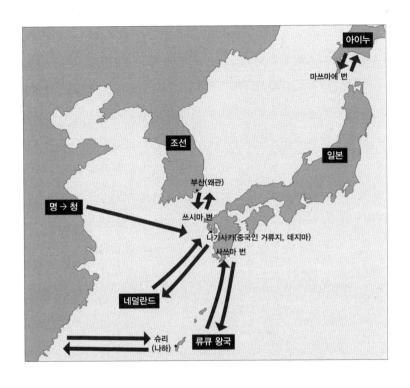

쇄국 체제하 일본의 대외 관계

왜관-쓰시마 번을 통하여 조선, 류큐-사쓰마 번을 통하여 류큐와 중국,
나가사키를 통하여 네덜란드와 중국, 마쓰마에 번을 통하여 아이누와
각각 무역을 했다. 이 중 조선, 류큐와는 정식 국교가 있었다.

많은 인구, 더 많은 도시인구

일본의 인구는 현재 1억 3000만 명 가까이 된다. 이것은 남한 인구(5000만 명)의 2.5배를 넘는 것이며, 남북한을 합친 인구(7500만 명)의 두 배 가까이 된다. 사실 일본 인구가 많은 것은 어제오늘 일이 아니다. 1721년 도쿠가와 막부는 전국적인 인구조사를 실시했는데, 이때 이미 3000만 명을 넘어섰다. 당시 조선 인구가 대략 1000만 명 안팎이었으니 세 배 이상이었던 것이다. 일본의 인구는 17세기 초두에는 약 1000만 명을 넘어선 정도였는데,[12] 이것이 100여 년 만에 급증한 것이다. 어떻게 이런 일이 가능했을까? 말할 것도 없이 생산력의 증가, 즉 농업 생산력의 눈부신 향상이 그 배경에 있었다. 일본에서도 다른 나라와 마찬가지로 오랫동안 대하천 유역의 비옥한 땅은 방치되어 있었다. 거대한 물을 다스리는 것, 즉 치수가 불가능했기 때문이다. 그러나 이 시기가 되면 토목 기술의 발달로 제방 축조나 관개시설 설치 등이 가능하게 되어 마침내 대하천 유역도 농지로 개발되기 시작했다. 막대한 넓이의 농지가 새로 탄생한 것이다. 16세기는 전국시대였는데, 유명한 전국시대의 다이묘들은 탁월한 장군인 동시에 뛰어난 치수 행정가이기도 했다.

그들은 또한 맹렬한 은광(銀鑛) 개발자이기도 했다. 16세기 일본에서는 전대미문의 은광 개발 붐이 일어났는데 그 주역은 전국

다이묘들이었다. 국제 화폐였던 은을 대량으로 손에 넣은 그들은 한편으론 뎃포 등 무기를 수입하여 군비경쟁에 몰두했지만, 다른 한편으론 차, 도자기 등 국제무역에 뛰어들어 국내 경제에 활력을 불어넣었다.

도쿠가와 시대에 들어서서도 한동안 이런 기조는 유지되었다. 경지 면적의 증가와 국제무역 활황은 계속되었고, 여기에 농업기술의 발전도 눈부셨다. 비료의 효율적 이용과 각종 농기구 사용법, 그리고 경작법이 새롭게 개발되고 널리 보급되었다. 여기에는 농서의 간행이 큰 역할을 하였다. 이런 농업 생산력의 비약적인 향상이 폭발적인 인구 증가를 촉진했던 것이다.

그런데 많다는 것 이외에 도쿠가와 시대 인구에는 중요한 특징이 하나 더 있다. 바로 도시인구 비중이 매우 높았다는 점이다. 앞에서 말한 대로 사무라이들은 병농 분리 정책에 따라 조카마치로 이주해야만 했다. 사무라이들은 도시민이 되었던 것이다. 오랫동안 전쟁이 없던 시대에 이 사무라이들은 도시에 사는 소비자들이었다. 이 방대한 수의 소비자들 주변에는 그들에게 물품을 제공하기 위해 조닌(町人: 상인)들의 거주지가 형성되었다. 이렇게 정치권력이 인공적으로 만든 도시가 전국적으로 200개 정도나 생겨났으니 도시인구 비율이 높아지는 것은 당연했다.

1720년경 주요 도시 인구[13]

도시	인구	
에도(江戶)	100만 명	사무라이 60만 명, 상인 40만 명
오사카(大阪)	38만 2000명	
교토(京都)	34만 1000명	
가나자와(金澤)	6만 5000명	상인만 7만 명
나고야(名古屋)	4만 2000명	상인만 6만여 명
나가사키(長崎)	4만 2000명	
가고시마(鹿兒島)		상인만 6만여 명
히로시마(廣島)		상인만 4만여 명
후쿠오카(福岡)		상인만 4만여 명

*왼쪽은 앤드루 고든(Andrew Gordon),
오른쪽은 아사오 나오히로(朝尾直弘)의 책 참조.
후자가 인구를 더 많게 보고 있다.

이 표를 보면 에도는 이미 18세기 전반기에 인구 100만의 대도시가 되어 있었다. 당시 그 정도 규모에 이른 도시는 청나라의 베이징 정도였다. 이 시기 에도를 방문한 조선 통신사들이 한결같이 사람이 많다며 놀란 것도 당연한 일이다. 막부의 군사 요충지이며 최대 상업 도시였던 오사카, 천황과 조정 관리들이 거주한 교토도 30만을 훌쩍 넘었다. 같은 시기 유럽의 파리나 런던은 50만~60만 정도였고, 조선의 서울은 20만 정도였다. 이처럼 수만 명의 인구를 갖고 있는 도시들이 전국적으로 산재해 있었고, 도시인구의 반 이상은 사무라이였다. 그리고 그 태반은 하급 사무라이였다. 메이지 유신은 어떻게 보면 도시인 사무라이들이 일으킨 '도시 혁명'이라고도 할 수 있을 것이다.

2장

일본은 어떻게 서양 문물을 신속히 수용할 수 있었나[1]

1. 서양의 외압과
'과장된 위기의식'

18세기 말부터 시작된
'과장된 위기의식'

　도쿠가와 막부 초기인 17세기 초엽에 일본은 쇄국정책을 취하여 외국과의 접촉을 극도로 제한했다. 이 상태가 약 150년 정도 계속되다가 1780년대에 들어서서 북쪽에 있는 에조치(蝦夷地), 즉 지금의 사할린과 홋카이도 일대에 러시아인들이 출몰하는 상황을 목도하게 된다. 당시 러시아는 시베리아를 가로질러 캄차카 반도를 근거지로 삼아 오호츠크 해로 나가려 하고 있었다. 이것이 서양에 대한 위기감을 증폭시키는 계기가 되어 러시아 경계론과 일본의 국방 강화와 내정 개혁을 촉구하는 지식인들의 주장이 봇물처럼 쏟아져 나오게 되었다.

　그러나 객관적으로 볼 때 이 시기에 서양 열강은 일본을 침략할 의사도 능력도 없었고, 실제로 그럴 조짐도 거의 보이지 않았다. 러시아의 극동 진출도 현지 주민의 규모나 러시아 정부의 의도 등을 고려할 때 침략 위기로 받아들일 만한 것은 아니었다. 어떻게 보면 러시

아의 에조치 진출이라는 '사소한 문제'를 '구실'로 삼아 위기감을 조장
했다고 볼 수도 있다.

이 러시아 출현을 계기로 많은 논자들이 일본이 위기에 처해
있으며 대대적인 개혁을 해야 한다는 주장을 하기 시작했다. 하야시
시헤이(林子平)는 『해국병담(海國兵談)』(1786년 탈고, 1791년 출판)에서 "최
근 유럽의 러시아의 기세가 비할 데 없어, 멀리 달단(韃靼: 만주)의 북
쪽을 침략하고 요즘에는 실위(室韋: 연해주)의 땅을 차지하더니 동쪽
끝인 캄차카까지 점령하였다. 그런데 캄차카로부터 동쪽으로는 더 이
상 차지할 땅이 없기 때문에 다시 서쪽으로 눈을 돌려 에조치의 동쪽
인 지시마(千島: 쿠릴 열도)를 손에 넣으려는 조짐이 있다고 한다."라고
경계했다. 『해국병담』이 출판되던 해에 후지타 유코쿠(藤田幽谷)라는
청년 지식인은 다이묘에 상서를 하여 다음과 같이 강렬한 위기의식을
호소했다.

도쿠가와 가문이 무(武)로 나라를 세우고 오사카 여름 전투(오사카
에 있던 도요토미 히데요시의 아들 히데요리를 토벌한 전투, 이하 사료 인용
의 괄호 안은 필자)로 전쟁이 끝난 이래, 거의 200년 동안 나라 안의
안정이 계속되어 지금은 좀도둑조차 드문 세상이 되었습니다. 백
성들은 늙어 죽을 때까지 전쟁을 모르고 태평이 넘쳐 나는데, 이것
은 역사가 시작된 이래 처음입니다. 그러는 동안 무사와 병사들은
관직을 세습하고 주지육림으로 포식하며 노래와 음악의 즐거움에
빠져 있어, 눈과 귀는 타락했고 근육은 둔해지고 말았습니다. 천하

는 신분의 상하를 불문하고 밀물에 쓸리듯 취생몽사(醉生夢死)하여, 전쟁이 날 수 있다는 것을 잊어버리고 말았으니, 이 역시 역사가 시작된 이래 처음 있는 일입니다.

그러나 북방에는 러시아라는 교활한 나라가 있어, 신주(神州: 일본)를 빼앗으려고 노리며 항상 남하하려고 계획하고 있습니다. 아아, 한탄스럽게도 사람들은 작은 지혜에 우쭐대고 있어 러시아인의 큰 지혜에 미치지 못합니다. 작은 새의 좁은 식견으로 대붕(大鵬)이 하는 일을 비웃고 있습니다. 말하자면 장작의 비유 그대로이니, 쌓아 놓은 장작 위에 불을 붙이고 그 위에서 자면서 아직 불길이 올라오지 않았으니 걱정할 필요 없다고 말하는 것과 같습니다. 오늘날 일본의 모습이 바로 이러합니다.[2]

그러던 중 1792년 러시아 황제 사절인 락스만(Adam Laksman)이 에조치에 와서 국교를 요청하는 일이 벌어지자, 이런 주장이 현실화되는 듯이 보였다. 일본이 러시아와 본격적으로 대면한 것은 이것이 처음이다. 이는 청이 17세기 말부터 18세기 초에 걸쳐 러시아와 외교교섭을 벌이고 이후 베이징에 러시아인들이 상주하게 된 것, 그리고 조선의 조공 사절단이 베이징에서 러시아인들과 자주 접했던 것과는 사뭇 달랐다. 그러나 막부는 러시아의 요구를 거절했고 락스만은 조용히 물러갔다.

그 후로 러시아와 영국 선박이 일본 해안에 나타나는 일이 가끔 있었으나 다른 동아시아 국가들의 경우와 비교해 보았을 때 자주

일본은 어떻게 서양 문물을 신속히
수용할 수 있었나

출몰한 것도 아니었고, 군사적으로 큰 위협이 될 만한 일은 별로 없었다. 그런데도 일본의 국방 위기를 외치는 목소리는 끊이질 않았다. 물론 이들의 주장은 아직까지는 소수였다. 하야시 시헤이의 저서들은 출판되자마자 발매 금지 처분을 받았고, 그는 유형에 처해졌다. 미토 번주는 유코쿠의 상서를 경청하기는 했으나, 그를 좌천시켰다. 아직까지는 막부 간조부교 도야마 가게미치(遠山景晉)의 다음과 같은 주장이 현실적이고 합리적으로 여겨졌다.

근년 이적(夷狄: 서양)의 배가 종종 일본에 나타나는데, 이들이 전쟁을 일으켜 일본을 병합하려는 뜻을 품고 있는 것은 전혀 아니다. 항해술에 능한 이적이라고 해도, 수만 리의 큰 파도를 넘어 와 전투할 수 있겠는가. 만에 하나라도 있을 수 없는 일이다. 지금 사람들이 이선(夷船)이 오는 것을 두려워하는 것은 난학자(蘭學者)들이 퍼뜨리는 근거 없는 소문 때문이다. 하야시 시헤이 같은 자는 논할 가치도 없는 이런 해독을 유포한 최악의 인간이다. 지금 일본에 오는 이선은 모두 해적에 지나지 않으며, 세계 각지를 두루 다니며 해안 지방을 습격하여 아무것이나 그곳의 물건을 약탈하는 정도이니 두려워할 만하지 않다.[3]

바야흐로 세계는
전국시대(戰國時代)

그러나 위기감을 호소하는 주장들은 끊이지 않고 계속되었다.

특히 후지타 유코쿠의 제자 아이자와 야스시(會澤安)는 위와 같은 주장이 서양의 정체를 모르고 하는 헛소리라고 일축하고 지금 세계는 마치 중국 고대의 전국시대 같은 상황이라고 지적했다.

지금 세계는 모두 7웅(雄)으로 나누어져 주나라 말기의 이른바 7웅이라는 것과 약간 차이가 있지만 그 형세는 매우 비슷하다. 러시아와 튀르크는 토지가 넓고 군대가 강하며 땅을 접하고 자웅을 다투는 것이 진(秦)과 초(楚)의 형세이다. 만청(滿淸: 청나라)은 부강하고 동방에 있으니 제(齊)와 같다. 무굴 제국과 페르시아는 그 중간에 있으니 한(韓)과 위(魏)이다. 신성 로마 제국은 명위(名位)가 있어 여러 나라(諸蕃)가 존숭하기는 하지만 사실은 프랑스, 에스파냐, 영국 등 여러 나라와 백중지세이다. 큰 나라는 한(韓), 위(魏), 작은 것은 송(宋), 위(衛), 중산(中山)일 뿐이다. (아이자와의 주석: 신성 로마 제국은 서양 국가들의 입장에서 보면 동주(東周)의 형세와 비슷한 점이 있다. 그러나 그와 같은 존엄함은 없다.) 또한 신주(일본)가 만청의 동쪽에 있는 것은 마치 연(燕)이 제(齊)와 조(趙)에 가려져 있는 것과 같다.[4]

작금의 세계는 중국의 전국시대처럼 7개의 강대한 국가(7웅: 러시아, 오스만튀르크, 무굴 제국, 페르시아, 유럽 세력, 청, 일본)가 대치하고 있고, 그 가운데 일본이 위치하고 있다는 것이다. 부분적으로 부정확한 정보도 있으나 지구적인 규모에서 세계정세를 파악하고 있는 점이 주

일본은 어떻게 서양 문물을 신속히
수용할 수 있었나

목된다. 또 일본을 7대 강국 중 하나에 넣고 있는 점도 흥미롭다. 아이자와도 스승 후지타 유코쿠와 마찬가지로 러시아의 세계 정복에 강한 우려를 표명하였다.

지금 러시아는 강한 기세를 가진 오랑캐이니 반드시 청을 칠 것이다. 그러나 청은 아직 강성하여 쉽게 침략할 수 없다. 그러므로 신주(일본)를 돌아보고 침을 흘리는 것이다. 그 기세를 보면 신주를 점령한 후에 우리 백성을 앞세워 민절(閩浙: 중국 동남해 연안)을 침략할 텐데 그것은 마치 옛날의 해적, 즉 명나라 사람들이 왜구라고 부른 자들의 짓과 같을 것이다. 청의 동남쪽을 피폐하게 하고 그 틈을 타 하미(哈密: 중국 서북 변경), 만주 등의 땅을 취하고 곧바로 베이징을 치려고 할 것이다. 이렇게 된다면 만청(청나라)도 버틸 수 없을 것이다. 러시아가 만청의 땅을 얻으면, 곧 무굴을 뒤엎고 페르시아를 복속시키며 튀르크를 멸망시키는 것은 마른 가지를 부수는 것과 같다. 만약 동쪽이 아직 침략하기 어렵고 만청도 당장엔 무찌를 수 없다면 러시아는 우선 서쪽을 도모하려 할 것이다. 서방에 틈이 보이면 페르시아와 함께 튀르크와 싸우고, 만약 이들을 이기면 곧바로 남하하여 무굴을 습격하고, 만청과 중가르(準噶爾)의 고지(故地)를 다투어 단번에 청에 침략하여 이긴 다음에는, 실로 함선을 이끌고 신주에 몰려올 것이다. 이 두 가지 책략은 동쪽에서부터 서쪽을 도모하거나 아니면 서쪽에서부터 동쪽을 도모하는 것이다. 러시아는 실로 때를 보고 형세를 살펴 그중 하나

를 선택할 것이다.[5]

　「신론(新論)」은 1825년경에 탈고한 글이다. 당시 동아시아 지식인 중 누가 이런 세계대전을 예상하고 있었을까? 당시 러시아 사람들이 이 글을 읽었다면 그의 몽상(夢想)에 기가 막혔겠지만, 80년 후인 1904년 러일전쟁 발발 시점에서 이 글을 다시 보면 어떠한가. 러시아는 크림 전쟁, 일리 사건(신장 지역에서 청과 충돌) 등에서 서쪽 진출에 실패한 후 아이자와의 말대로 만주 등 동쪽 지역을 장악하려 했다. 그의 몽상이 현실화되었다고 할 수 있다.

　당시 많은 일본인들은 이 같은 위기의식에 동의하지 않았지만, 이런 주장을 하는 목소리들은 소수이기는 하나 무시할 정도는 아니었다. 주로 정권에서 소외되어 있던 일부 정치가와 재야의 지식인들이 이런 주장을 펼쳤다. 그러나 그들은 단순한 아웃사이더들이 아니었다. 그들은 당시 발달해 있던 출판 시장을 배경으로 활발하게 자신들의 주장을 펼쳤고 이는 독서 대중에게 적지 않은 영향을 미쳤다. 즉 그들은 소수파이기는 하지만 무시할 수만은 없는 '강력한 소수파'였던 것이다. 또한 중요한 것은 이런 주장을 지식인들뿐만 아니라 일부 유력한 정치인들도 공유했다는 점이다. 간세이 개혁(寬政改革)[6]을 주도한 로주 마쓰다이라 사다노부(松平定信)나 19세기 전반 대외 위기론을 주도한 미토번주 도쿠가와 나리아키(德川齊昭) 같은 사람들이 대표적이다.

　그러나 앞에서도 언급한 대로 가끔 서양 선박이 출몰하기는 했어도 당시 상황을 서양의 위협으로 보는 것은 아무래도 객관적인 근

일본은 어떻게 서양 문물을 신속히
수용할 수 있었나

거가 희박했다. 락스만은 조용히 물러갔고, 또 다른 러시아 사절 레자노프(Nikolai Rezanov)의 처우 문제로 생긴 에조치의 분쟁도 1807년경 원만히 해결되었다. 러시아도 영국도, 군사적으로 일본을 위협하는 존재로 보기에는 역시 무리가 있었다. 국내적으로도 18세기 내내 지속되어 온 경제성장의 혜택이 전 사회로 퍼져 나가던 시기였다. 막부는 다이묘들을 안정적으로 통제하고 있었고, 조정과의 관계에도 큰 문제는 없었다. 백성 잇키가 일어나긴 했어도 그것이 체제를 위협할 정도라고 생각하는 사람은 아무도 없었다. 따라서 당시의 당국자를 비롯한 많은 사람들이 이런 절박한 위기의식의 호소에 귀 기울이지 않은 것은 자연스러운 일이었다.

그런 점에서 이 '강력한 소수파'의 주장은 위기의식의 과장 혹은 조장이라고 볼 수 있다. 동시대 조선이나 청에서는 이런 위기의식이 형성되지 않았고, 심지어 아편전쟁 패배 후에도 마찬가지였다. 그렇다면 이 '과장된 위기의식'은 어디에서부터 온 것일까. 이것이 형성된 원인에 대해 생각해 보자.

'과장된 위기의식'의 원인

서양 선박 출몰에 대해 동시대의 조선과 청이 보였던 반응과 비교해 보면, 일본은 아주 이른 시기부터 그것을 위기로 인식했고, 그것도 매우 절박했다. 그 원인에 대해서는 몇 가지를 생각해 볼 수 있다.

첫째, 일본은 약 200년이나 군사적 위기 상황이 거의 없었다는 점이다. 이 '군사적 무경험'은 나태한 사회에는 평화 지속에 대한 환상을 심어 주지만, 18세기 말의 일본처럼 외부 정보에 촉각을 곤두세우고 있던 사회에는 곧 닥칠지 모르는 미지의 사태에 대한 과잉 반응을 일으키기 쉬웠다. 임진왜란이 끝난 후 명이 보복할지도 모른다는 우려, 남명(南明)을 제압한 청이 일본을 침공할지도 모른다는 우려 등이 있었지만 대외 위기감이라고 할 정도는 못 되었다. 17세기 초까지 나가사키 등을 왕래했던 서양 선박들 역시 군사적인 의미를 거의 갖지 못했다. 이를 볼 때 18세기 말 일본은 임진왜란 이후 약 200년 동안 외국과의 군사 충돌이 전혀 없는 상태였다. 이 기간 유럽이 전쟁의 연속이었던 것과 매우 대조적이다. 이것은 아마 세계사적으로도 희귀한 예에 속할 것이다.

이렇게 얘기하면 혹자는 일본뿐 아니라 동아시아 전체가 그런 상황이지 않았느냐고 반문할 수도 있을 것이다. 그러나 곰곰이 생각해 보면 청의 상황은 일본과는 달랐다. 청은 적어도 18세기 중반까지는 계속적으로 대외 전쟁을 겪었고, 그 후로도 아편전쟁 때까지 변경의 소요와 내부 반란에 시달렸다. 청이 18세기 말의 시점에서 딱히 그전과는 다른 위기의식을 느껴야 할 요인도 없었고, 어떻게 보면 아편전쟁도 그 수많은 대외 분쟁 중의 하나로 인식했던 것이다.

일본이 도쿠가와 막부 초기 시마바라(島原)의 난(1637)을 진압하고 급속도로 안정을 찾아가고 있던 시점에 중국 대륙에서는 명과 청이 천하를 다투는 전투를 계속하고 있었다. 1644년 청이 자금성을 함락한 이후에도 남쪽에는 남명이 여전히 건재했다. 남명을 멸망시킨 후에는 삼번(三藩)의 난과 정성공(鄭成功)의 반란이 이어졌다. 남쪽이 안

일본은 어떻게 서양 문물을 신속히 수용할 수 있었나

정된 것은 청이 대만을 함락한 1683년경이 되어서였다. 이때 일본은 이미 겐로쿠 시대(元祿時代, 1688~1704)[7]의 평화와 번영을 누리고 있었다.

남쪽만 불안한 것은 아니었다. 서북쪽에선 '최후의 유목 제국' 중가르가 청을 위협하고 있었다. 청은 1680~1690년대 내내 중가르의 영웅 갈단과 치열한 전투를 벌였고, 강희제는 친정(親征)에 나섰다. 황제가 몸소 정벌에 나섰다는 사실은 중가르와의 전투가 사소한 국경분쟁 정도가 아니라 청에 심각한 위기감을 준 것이었다는 점을 말해 준다. 일본열도의 쇼군과 사무라이가 점점 더 이상 무인이 아니게 되어가던 이 시기에 중국 대륙의 황제와 기인(旗人: 청의 군사 조직인 팔기(八旗)에 속한 지배층)은 여전히 '현역'이었던 것이다. 1697년 갈단이 사망한 후에도 중가르는 1740년대까지 여전히 청을 위협했고, 청이 중가르를 멸망시킨 것은 건륭제 때인 1750년대 말이었다. 또 청은 티베트와 위구르를 세력 판도에 넣기 위해 이들에 대해서도 18세기 중엽까지 정복전을 벌여야 했다.

러시아와의 관계를 비교해 보면 청과 도쿠가와 시대 일본의 대외 환경이 얼마나 달랐는가를 알 수 있다. 앞서 얘기했듯이 일본이 대외 위기의식을 갖게 된 계기는 18세기 말에 러시아와 접촉하면서였다. 그러나 청은 그로부터 100여 년 전인 1689년에 이미 러시아와 숱한 교섭을 거쳐 네르친스크 조약을 맺었다. 또 1727년에는 러시아가 중가르와 동맹 맺을 것을 우려하여 캬흐타 조약을 체결하였다. 이후 러시아는 청과 정기적인 무역을 하였고, 베이징에 정교회 선교사를 파견하여 교회당을 지었다. 청에게 러시아는 불현듯 나타난 것이 아니었던 것이다. 이 같은 상황이었기에 아편전쟁도 지금까지 줄곧 있었던 국경 소란의 하나쯤으로 여길 수 있었다. 아마도 당시 청나라 사람들 중 아편전쟁이 그 후 세계사에서 그렇게 대서특필될 줄 상상한 사람은 거의 없었을 것이다.

이에 반해 일본은 17세기 초 이래로 외국과의 군사적·외교적 긴장이나 영토 분쟁을 전혀 겪지 않았기 때문에 러시아의 등장에 필요 이상으로 과민하게 반응했던 것이다. 러시아가 등장하자 일본인들은 그에 대한 정보를 모았다. 러시아가 표트르 대제의 개혁 정치로 강대국이 되었고, 현재의 예카테리나 여제가 더 큰 발전을 이뤄냈다는 것, 영토 면에서도 시베리아 정복을 거쳐 18세기 초에 캄차카에 기지를 만들었고, 거기서부터 일본 해안으로 오고 있다는 사실을 파악했다. 그러면서 러시아가 세계 정복을 꿈꾸고 있으며 그 침략 루트는 청의 북서쪽이 되거나, 아니면 일본의 북방, 즉 에조치가 될 것이라고 우려했다. '군사적 무경험' 상태에서 강대국 러시아의 등장이라는 사태가 일본의 일부 지식인들에게 강렬한 위기감을 초래했던 것이다.

둘째, 이 같은 위기감을 배경으로 일본열도에 대한 안보 개념의 전환이 일어났고, 이것이 위기의식을 더욱 부채질했다. 일본열도는 중국 대륙과는 상당히 떨어져 있었고, 동중국해의 물살도 험난했다. 이는 영국과 유럽 대륙 사이에 있는 도버 해협의 경우와는 사뭇 다르다. 그렇기 때문에 일본열도를 둘러싼 바다는 천험의 요새로 간주되어 왔다. 실제로 18세기 말까지 이 천험의 요새를 무릅쓰고 일본열도에 대규모로 침략한 외국 세력은 13세기 몽골군밖에는 없었다. 유

일본은 어떻게 서양 문물을 신속히
수용할 수 있었나

사 이래 단 한 번밖에 없었던 것이다. 일본열도 동북쪽은 더욱 안전했다. 동해를 사이에 두고 고대 일본은 발해와 활발한 교류를 했으나 군사적 위협을 느낀 적은 없었다. 11세기에 일부 여진족이 침략해 온 적은 있었으나 단발적이고 국지적인 것이었다.[8] 하물며 동쪽으로 끝없이 펼쳐진 태평양을 향해 군사적 방비를 할 필요는 전혀 없었다. '태평양 전쟁'은 20세기 이전 일본인에게는(물론 전 인류가 마찬가지였겠지만) 상상할 수 없는 것이었다.

그러나 이런 안보 개념이 18세기 말 180도로 바뀌었다. 당시 난학자들에 의해 서양이 발달된 항해술과 선박 제조 능력을 바탕으로 세계 각지를 침략하고 있다는 사실이 알려지자, 바다는 천험의 요새가 아니라 반대로 열도의 사방팔방을 침략자에게 노출하는 악조건으로 바뀌었던 것이다. 이 같은 위기의식은 19세기 초 증기선이 발명되어 선박의 기동력이 급속히 개선되자 더욱 심해졌다.

이렇게 되자 특히 수도인 에도가 만(지금의 도쿄 만) 깊숙이 위치하고 있는 항구라는 점이 큰 문제로 떠올랐다. 서양 선박이 에도 만을 봉쇄할 수도 있었기 때문이다. 당시 에도는 사무라이가 약 60만, 상인·수공업자·노동자·빈민·승려가 약 40만 등 약 100만 명의 인구를 보유한 세계 최대 도시였다. 인구의 대부분이 소비 인구라서 에도 인근뿐 아니라 전국에서, 특히 교토와 오사카 지역에서 많은 물자가 정기적으로 에도에 공급되고 있었는데, 주로 일본열도의 남쪽, 즉 태평양 연안을 항해하는 선박들이 그 보급을 맡았다. 그런데 에도는 깊숙한 만 안에 자리 잡고 있는 항구였기 때문에, 만약 무장한 서양 함선

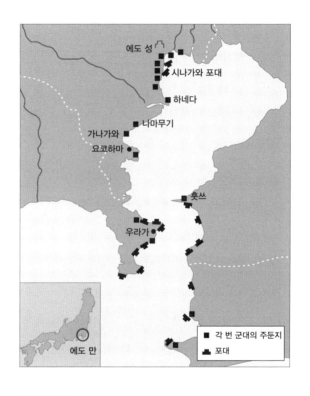

에도 만의 모습

에도는 이처럼 만 깊숙이 자리 잡고 있었기 때문에,

우라가(浦賀)와 훗쓰(富津) 사이를 봉쇄하면 에도로 가는 항로는 막히고

만다. 실제로 1853년 페리는 바로 이 우라가에 나타나서 막부를 위협했다.

이 에도 만 입구를 봉쇄한다면 에도로의 물자 보급이 끊기고 에도가 격심한 혼란에 빠질 것은 불을 보듯 뻔한 일이었다. 또 항구도시였기 때문에 바다에서 직접 포격하는 것도 가능했고, 상륙하면 곧바로 에도 시가지에 이를 수 있었다.

이것은 조선의 한성이나 중국의 베이징과는 다른 상황이었다. 이 두 도시의 물자 보급은 주로 내륙 운하나 육상 수송을 통해서 이루어졌다. 또 한성이나 베이징 모두 해상 포격은 불가능한 위치에 있었고, 공격을 하기 위해서는 천험의 요새와 군사 방비를 뚫고 강을 따라 올라와야만 했다.[9]

그런데 당시 일본은 무가제법도에서 다이묘의 반란과 원거리 항해를 막을 목적으로 500석 이상의 쌀을 실을 수 있는 선박의 제조를 금지하고 있었기 때문에, 상선일지라도 대형 선박은 거의 없었다. 군함이 없는 것은 당연했다. 다시 말하면 해군력이 전무했던 것이다. 이런 상황이라면 4~5척 정도의 무장 선박이 에도 만을 봉쇄해도 손쓸 방법이 없을 것이었다. 이 때문에 1840년대 초에 추진된 덴포 개혁(天保改革)에서 로주 미즈노 다다쿠니(水野忠邦)는 에도 만이 봉쇄되었을 때를 대비해 에도의 동북 내륙 지방에서 물자를 보급받을 수 있는 대운하 건설을 시도하기도 했다. 또 서양 함선을 쫓아내기 위해 에도 만 주변에 포대를 집중 배치하기도 했다. 이처럼 인구 100만의 대도시가 봉쇄될지 모른다는 공포가 위기의식을 조장했던 것이다.

셋째, 안보상의 고립감이다. 지역 안보 체제가 존재한다면 이상과 같은 상황에서라도 국방에 대한 위기감에서 어느 정도 벗어날 수 있을 것이다. 조선이 그러했다. 조선 역시 많은 면에서 일본과 마찬가지로 국방 위기를 느낄 수 있는 상황에 있었다. 17세기 중반 병자호란과 효종의 북벌전 포기 이후로 조선 역시 '군사적 무경험' 상태였다. 또 당시 조선 지식인들은 뚜렷하게 의식하지 못했지만 삼면이 바다라는 사실도 안보 조건의 전환을 가져왔고, 조선도 일본과 마찬가지로 해군력이 거의 없다시피 했다. 그러나 일본과 결정적으로 다른 것은 중국에 안보를 의존할 수 있다는 점이었다. 물론 현재의 안보 조약 같은 것이 당시에 있지는 않았지만, 조선은 중국이 지역 질서를 유지하는 데 개입할 것이라고 기대할 수 있었다. 임진왜란 때 명군의 참전은 그런 기대를 뒷받침해 주었고, 실제로 청은 갑신정변과 청일전쟁 때 군대를 파견했다.

그러나 일본은 조공 책봉 질서(朝貢冊封秩序)에 편입되어 있지 않았기 때문에 중국의 안보 우산을 기대할 수 없었다. 이 점은 조선과 두드러진 대조를 이룬다. 일본의 전략가들에게는 유사시 중국에 원군을 청한다는 발상 자체가 없었다. 도쿠가와 막부 성립 이후 한 번도 중국과 정부 사절을 교환한 적이 없었으므로 당연한 것이었다. 오히려 일부 지식인은 서양이 청의 일부 지역을 기반으로 일본을 침략할 가능성, 또는 청이 서양의 군사기술을 배워 일본에 쳐들어올 가능성을 우려할 정도였다. 청일 연대는커녕 청과 서양의 연대를 우려했던 것이다.

조선과의 연대도 전혀 고려되지 않았다. 조선과는 일본이 도쿠가와 시대를 통틀어 12번의 통신사를 받아들일 정도로 정부 간 교류도 적지 않았으나, 문화적으로는 몰라도 군사적으로 조선과 연대한다

일본은 어떻게 서양 문물을 신속히
수용할 수 있었나

는 발상은 전혀 보이지 않았다. 일본인들이 거우 생각해 낸 것은 류큐와 에조치를 열도 안보의 방패로 삼는다는 것이었다. 에조치를 러시아에 뺏기기 전에 일본이 직접 통치해야 한다는 주장이 이미 18세기 말부터 제기되었고, 19세기 전반 서양인들이 류큐에 출몰하자 류큐에 대한 지배 강화를 주장하는 목소리도 높아져 갔다. 훗날 메이지 정부가 오키나와와 홋카이도를 각각 '남북의 자물쇠'로 삼은 전략은 이때 이미 마련되었다고 할 수 있다. 어쨌든 일본이 절해고도(絶海孤島)로 혼자 남겨져 있다는 생각은 위기의식을 더욱 부채질했다.

넷째, 당시 일본인들은 서양에 대한 정보를 풍부하게 갖고 있었다. 정보 입수 경로는 대체로 세 갈래였다. 나가사키에 체류하는 네덜란드 상관장(商館長)이 매년 막부에 보내는 풍설서(風說書: 정보 보고서), 일본의 난학자들이 입수한 정보, 그리고 남부 중국에서 간행된 한문으로 된 서양 정보 등이었다. 풍설서는 네덜란드 동인도회사가 있던 바타비아(지금의 자카르타)에 모인 서양 정보를 네덜란드 상관장이 입수하여 막부에 공식적으로 보내는 것이었는데, 그 내용은 막부 관계자만이 알도록 되어 있었다. 그러나 어찌된 일인지 이 정보가 19세기 초부터 유출되어 많은 사람들이 공유하게 되었다. 아마도 네덜란드 사람들과의 통역을 맡았던 나가사키 통사(通事)들이 유출한 것 같다. 더욱이 막부는 아편전쟁이 발발하자 기존 풍설서보다 더욱 상세한 정보를 담은 별단풍설서(別段風說書: 특별 보고서)를 제출하도록 하였다. 이를 통해 일본인들은 서양 정보를 큰 시차 없이 속속 입수할 수 있었다. 정보의 양과 질도 좋았지만 서양 정보가 곧장 막부에 들어왔기 때문에 정책 결정자들이 이런 정보를 장악하고 있었다는 점도 중요하다. 청의 경우, 남부에는 서양 정보가 풍부했지만 베이징의 위정자들이 그것을 제대로 흡수하지 못했다.

이 같은 풍부한 정보를 갖고 '강력한 소수파'는 서양 열강의 세계 진출을 사실 이상으로 공격적으로 묘사하여 제시했다. 실제로 서양 열강이 세계 각지를 무차별적으로 침략하기 시작한 것은 산업혁명의 성과가 쌓이고 증기선과 신형 무기들이 발명된 이후, 즉 19세기 중반 이후부터인데, 이들은 18세기 말, 19세기 초에 이미 서양을 무자비한 세계 정복자로 보고 있었다. 이때 이들에게 그러한 인식의 틀을 제공한 것이 '전국(戰國)'의 이미지였다. 그들은 때로는 중국 고대의, 때로는 일본의 전국시대를 상기시키면서 세계가 군웅이 할거하여 패권을 다투는 시대로 돌입했다고 주장했다. 멀리서 전해 오는 서양의 침략 소식은 전쟁의 승패에 민감한 무사들인 이들에게 초미의 관심을 불러일으켰고, 이들은 쉽사리 이를 전국의 이미지로 치환하여 위기의식에 휩싸였던 것이다.

다섯째, 이 시기에 강해진 일본인의 정체성(identity)과 관련이 있었다. 즉 자기 인식의 변화와 위기의식의 고양이 연동되었다. 18세기에는 중국이나 조선, 서양과는 구별되는 일본과 일본인의 정체성에 대한 담론이 활성화되었다. 이른바 '원(原)민족주의(proto-nationalism)'의 성립인데,[10] 그중에서 중요한 것들이 천황의 혈통이 만세일계(萬世一系: 혈통이 한 번도 바뀌지 않았다는 것)로 이어져 역성혁명(易姓革命)이 발생하지 않았다는 것, 그리고 외국 군대에 국토가 유린된 적이 없고 지

일본은 어떻게 서양 문물을 신속히
수용할 수 있었나

금까지 독립을 보전하고 있다는 것이었다. 전자는 숱한 역성혁명으로 신하나 백성이 군주를 살해해 온 중국의 역사와 대비해서, 후자는 수많은 외침을 받은 조선과 비교해서 흔히 이야기되었다. 이것은 일본이 다른 나라들과 달리 '순결'하다는 이미지를 만들어 내었고 따라서 자칫하면 이 순결을 더럽힐 수도 있다는 강한 공포감, 경계심을 조장했던 것이다. 다시 말하면 자기 국가나 민족에 대한 자의식이 강해질수록 그것의 훼손과 상실에 대한 위기감도 커질 수밖에 없었던 것이다.

'순결한 일본' 이미지의 형성은 기독교에 대한 공포를 강화했다. 포르투갈과 스페인 선교사들이 전한 기독교는 서부 일본을 중심으로 광범하게 퍼져 17세기 초에는 신도 수가 수십만을 헤아렸다. 당시 인구가 1000만 명을 넘는 정도의 수준이었던 것을 생각하면 적지 않은 숫자다. 참고로 현재 1억 3000만 명의 일본 인구 중 기독교도 수는 100만 명 정도이다. 게다가 1637년 기독교도들이 중심이 되어 일으킨 시마바라의 난은 도쿠가와 시대를 통틀어 최대의 봉기였고, 지배층에게 기독교에 대한 두려움을 심어 주었다. 막부는 기독교를 전면 금지하고 가혹한 탄압을 시작했다. 이 때문에 당시 '기리시탄'이라고 불리던 일본의 기독교도들은 모두 지하로 잠복할 수밖에 없었다. 그 이후로 기리시탄은 '요사스러운 것', '악한 것'의 대명사로 인식되었고, 기리시탄에 대한 어떤 작은 변호도 용납되지 않았다. 현실에서 기리시탄은 흔적조차 사라졌지만 언설(言說)의 세계에서 기리시탄은 점점 더 흉악한 것이 되어 갔던 것이다.

이것은 청의 수도 베이징에 러시아의 정교회 성당과 기독교도들이 버젓이 있었던 것, 그리고 18세기 말 조공 사절을 통해 서학 서적이 조선으로 유입되고 조선의 사대부 중에 천주교도들이 상당수 있었던 것 등과 대조적이다. 조선의 경우 대체로 안동 김씨 정권은 기독교를 심하게 탄압하지 않았다. 1801년의 신유박해가 있었지만 김조순이 집권한 이래 탄압은 없었고, 바티칸은 세 명의 프랑스인 신부를 조선에 파견했으며 신자 수는 늘어 갔다. 풍양 조씨의 벽파 정권이 들어서자, 1839년 박해가 시작되어 3명의 외국인 신부와 많은 수의 조선인 신자가 처형당했다. 김대건도 1846년 순교하였다. 그러나 철종(재위 1849~1863)과 함께 안동 김씨가 다시 집권한 후 기독교 탄압은 완화되었다. 그 결과 많은 수의 프랑스 신부가 입국했고, 신자 수는 대략 2만 명까지 늘어났다.[11] 일본의 상황과는 크게 달랐던 것이다. 기리시탄이 단 한 명도 보이지 않는 상황에서도 당시 대부분의 일본 지식인들은 기독교를 서양이 끼칠 최대의 해악, 일본을 망국으로 이끌 최고의 적으로 규정하였고, 기독교에 대한 이 같은 과도한 공포가 이들의 위기의식을 부채질했다.

2. 위기에 대한 대응, 해외 웅비론

(海外雄飛論)

"우리도 해외로 팽창하자!"

위기의식을 갖게 되면 그에 대한 대응은 두 가지로 나타날 수 있다. 하나는 그 위기를 피하기 위해서 더욱 폐쇄적으로 되는 것이고, 다른 하나는 위기를 정면 돌파하여 오히려 스스로 팽창하는 것이다. '강력한 소수파'들은 일본도 서양에 맞서 해외로 진출, 즉 웅비(雄飛)해야만 한다고 역설했다. 여기에는 순수하게 경제적으로만 진출해야 한다는 주장도 있었지만, 대개는 그와 함께 군사적·정치적 진출도 주장하는 자들이 많았다. 먼저 경제적 진출 주장을 간략히 살펴보겠다.

18세기 말의 난학자인 혼다 도시아키(本多利明, 1743~1821)는 당시 내로라하는 서양광이었다. 그는 서양이 지금 강해진 것은 항해와 무역 덕분이라고 간파하고 일본도 바다가 많은 해국(海國)이므로 이를 추구해야 한다고 했다. 그는 러시아가 일본 북쪽에 진출하는 것에 대응하기 위해 캄차카로 수도를 옮기고 사할린 서쪽에 성곽을 세워 연해주, 만주와 교역해야 한다고 주장했다. 즉 캄차카를 중심으로 당시 활성화되어 있던 북방 교역권을 일본이 장악하여 러시아 세력의 침입을 막고 무역 국가로 새롭게 변신하자는 것이다. 그렇게 되면 일본은 영국에 비견되는 세계 제일의 '대양국(大良國)'이 될 수 있다는 것이다.[12]

막부의 유관(儒官)이었던 고가 도안(古賀侗庵, 1788~1846) 역시 나름의 해외 진출론을 폈다. 그는 『해방억측(海防臆測)』(1838)에서 주장하길,[13] 서양의 진출로 지금 일본은 큰 위기에 빠져 있다고 전제했다. 서양이 동남아시아와 아메리카 대륙을 지배하게 되었기 때문에 서양과 일본이 아주 멀리 떨어져 있지는 않게 되었으며, 이미 육대주 중 오대주가 서양의 지배에 들어갔고, 아시아 중에서도 독립을 유지하고 있는 것은 지나(支那: 중국)와 본방(本邦: 일본)뿐이라는 것이다. 이런 위기를 극복하기 위해 그가 제시한 방책은 대외 개방과 일본의 해외 진출이었다.

첫째, 그는 좀 더 풍부한 대외 정보를 얻기 위해서는 네덜란드를 통해서만은 부족하므로 서양 교역국을 늘릴 것을 주장했다. 또 해외 연구를 강조했는데, 예를 들어 러시아가 일본인 표류민을 이용하여 일본을 연구했듯이 러시아인이 일본을 방문하면 그를 억류하여 러시아 연구를 해야 한다고 주장했다. 둘째, 일본 내에서만 교역을 할 것이 아니라 일본의 교역선을 천축(天竺: 인도), 샴(태국), 안남(安南: 베트남)에도 파견해야 하고, 해군을 창설하여 전함을 대양에 내보내야 한다고 주장했다. 그렇다고 그가 해군을 이용한 타국 침략을 주장한 것은 아니었다. 오히려 그는 영토 확장에는 소극적이었고, 서양과 전쟁이 일어날 것을 우려하여 이국선타불령(異國船打拂令: 서양 선박을 보면 무조건 쫓아내라는 명령)을 비판했다.

한편 고가는 일본을 청·러시아·영국에는 미치지 못하나 무굴·페르시아·오스만튀르크와는 동렬에 있는 나라로 보았다. 일본의 인구를 5000만으로 보고, 이는 중국의 한(漢)·당(唐)·송(宋)·명(明) 시대의 인구와 비슷하며, 동시대의 유럽·튀르크·러시아의 인구에 필적한다고 생각했다. 또한 일본은 토지가 비옥하고, 백성의 풍속도 좋으며, 만세일계를 유지하고 있는 흠 없는 옥(無瑕之玉) 같은 나라라고 했다.

여기서도 그가 일본을 세계의 '강대국가' 중 하나로 여겼음을 알 수 있다. 그는 류큐 왕국 같은 주변의 약소국에 대해서는 전혀 언급하지 않았다. 조선에 대해서도 언급 빈도가 페루, 멕시코보다 적은 데서 볼 수 있듯이 거의 관심을 기울이지 않았다. 또한 그는 국가 간에는 병존이나 지배-피지배 관계가 있을 뿐 문화적 상하 관계는 없다고 보았고, 국가 간 질서를 지배하는 것은 약육강식의 원리, 즉 힘의 논리라고 믿었다.

군사적 팽창의 야심

한편 더욱 적극적으로 군사적·정치적 해외 팽창을 주장한 논자들도 있었다.

먼저 사토 노부히로(佐藤信淵)는 19세기 초에 이미 강력한 군사적 침략을 주장한 점이 인상적인데, 그의 주장은 100여 년 뒤인 1930년대 일본 군국주의자들에게 큰 인기를 얻었다. 그는 일본이 선택받은 국가이고 세계를 제패할 실력과 자격이 있다고 보았으며, 만국을 통일할 것을 제창했다.

지금 만국의 지리 속에서 우리 일본국의 형세를 고찰해 보니, 국토가 북위 30도에서 시작하여 45도에 이르고, 기후가 온화하고 토양이 비옥하여 만 가지 종류의 산물이 모두 넘쳐 나지 않은 것이 없고, 사방이 모두 대양에 면해 있어 해운의 편리함이 만국에 비할 데가 없으며, 토지는 탁월하고 인물은 용감한 것이 다른 나라에서는 전혀 볼 수 없는 것이다. 그 기세가 세계를 향하여 당당하니 자연히 세상을 지도할 만한 자격을 완전히 갖추고 있다. 이런 신주(일본)의 위엄으로 버러지 같은 오랑캐를 정벌한다면, 세계를 합쳐〔混同〕 만국을 통일하는 것에 무슨 어려움이 있겠는가. 아, 조물주가 황국(皇國: 일본)을 총애하심이 지극하구나.[14]

이쯤 되면 거의 나르시시스트의 자기도취라고 할 만하다. 200년에 걸친 경제 발전과 사회의 안정이 이런 자국관을 갖게 한 것이다. 물론 중국과의 정치적 교섭이 전혀 없어 그로부터 압박을 받지 않았다는 점이 이런 환상을 갖게 하는 데 결정적인 역할을 했다. 당시에도 다수파인 현실주의자들은 이를 헛소리라고 일축했으나, 이런 자국관은 그 후에도 면면히 이어져 때때로 일본의 진로에 큰 영향을 미쳤다. 그렇다면 어떻게 세계를 통일할 것인가. 사토 노부히로는 먼저 조선과 만주를 정복하고 뒤이어 중국을 침략할 것을 제창했다.

만주인은 조급하며 지략이 부족하고, 지나인은 나약하고 비겁하여 겁이 많다. 그러니 조금만 놀랄 일이 있어도 꼭 많은 인원을 동원하여 구원하려고 할 것이다. 많은 인원이 자꾸 동원되면, 인력은 피폐해지고 재정은 고갈될 것은 말할 필요도 없다. 하물며 지나의 수도인 베이징에서 만주 해안까지 왕복하는 길에는 사막이 펼쳐져 있고 산과 계곡은 매우 험난하다. 반면 황국(일본)이 이것(만주)을 정벌하는 길은 겨우 160~170리의 해상이므로, 순풍에 돛을 달면 하룻밤에 그 해안에 도달한다.[15]

사토는 에조치(지금의 홋카이도, 사할린, 쿠릴 열도 지역)에서 만주는 매우 가까우므로 일본이 이곳에서 만주로 쳐들어간다면 멀리 떨어져 있는 청이 원군을 파견하는 데 애를 먹을 것이라고 보았다. 만주인과 지나인을 구분하는 것도 흥미롭지만, 청보다 일본이 만주에서 더 가깝다는 발상이 눈길을 끈다. 여기에 사료를 제시하지는 않았지만, 사토는 이와 함께 조선 침략에 대한 자세한 구상도 밝히고 있다. 일단 만주를 정복하고 나면 그다음에 중국을 정복하는 것은 어려운 일이 아니다.

황국(일본)이 달단(韃靼: 만주)을 취하고 이 오랑캐를 잘 다스려 이 무리로 하여금 남쪽으로 향하게 한다면 지나국이 강성하다 해도 어찌 저항할 수 있겠는가. 버러지 같은 만주 오랑캐도 지나를 취한 바 있다. 하물며 황국의 병량(兵糧)과 대총(大銃), 화약의 신성한 위력(神威)으로 그 뒤를 잇지 못하겠는가. 십수 년 만에 지나 전국을 통일할 것은 논할 필요도 없이 명백하다.[16]

사토는 조선의 충청도를 습격하여 이를 기반으로 중국의 발해

만을 공격하고, 다른 부대는 류큐에서 출항하여 대만을 거쳐 저장 성(浙江省)에 쳐들어가며, 천황도 규슈의 구마모토(熊本)로부터 직접 군대를 이끌고 난징(南京)을 침략한다는 구체적 진격 루트까지 제시했다. 또 명나라 황족의 후손을 찾아내어 상공(上公)으로 봉해 인심을 안정시켜야 한다는 구상도 제안했다. 황당한 만큼 그의 주장은 오랫동안 사람들에게 받아들여지지 않았지만 마침내 1930년대 군국주의자들에게 큰 영향을 끼쳤던 것이다.

　또 다른 해외 팽창론으로는 하시모토 사나이(橋本左內)와 요시다 쇼인(吉田松陰)의 웅비론을 들 수 있다. 양자의 웅비론은 일본의 독립이 위협받고 있다는 현실 인식을 바탕으로 이 위협을 타개하기 위한 것이었고, 한편으로는 국익의 극대화를 위한 것이었다. 하시모토 사나이는 서양의 세계 침략으로 일본의 국방에도 위기가 다가오고 있다고 보고, 일본이 독립을 지키기 위해서는 산단(山丹, 지금의 헤이룽 강 하구와 사할린 일대), 만주, 조선을 병합하고, 또 미국 혹은 인도 내에 영토를 가져야 한다고 주장했다. 그러나 그는 인도는 서양이, 산단은 러시아가 손을 뻗치고 있으므로 지금 당장 위의 과제를 실현하는 것은 무리라고 보았다. 따라서 독립 보전을 위해서는 양대 강국인 영국과 러시아 중 하나와 동맹을 맺어야 하는데, 지리적으로 가까운 러시아가 동맹 상대로 적합하다고 봤다.[17]

　요시다 쇼인은 "지나의 책을 읽고서 유럽, 아메리카의 상황을 조금 알게 되어 오대주를 주유(周遊)하려는 마음이 생겼다. 그러나 일본은 해금(海禁)이 매우 엄격하여 외국인이 내지에 들어오는 것과 내

**일본은 어떻게 서양 문물을 신속히
수용할 수 있었나**

지인이 외국에 가는 것 모두 허용치 않는 법이 있다. …… 절름발이가 뛰어다니는 사람을 보고, 뛰어다니는 자가 말 탄 자를 보았을 때 그 부러움이 어떻겠는가. 하물며 내가 평생 뛰어다니더라도 동서 경도 30도, 남북 위도 20도의 바깥을 나가지 못함에랴."[18]라고 하며 세계로 웅비하고 싶은 심정을 토로하고, 각지에 대한 진출과 침략을 주장했다. 앞에서 인용한 사토 노부히로와 마찬가지로 그도 경도, 위도로 일본과 자신의 위치를 파악하고 있는데, 이는 당시 일본인 사이에 세계 지리와 지도에 대한 지식이 널리 보급되어 있었음을 보여 준다. 쇼인은 말한다.

오스트레일리아는 일본의 남쪽에 있는데, 바다로 떨어져 있기는 하지만 그리 멀지는 않다. 그 위도는 딱 중간 정도이다. 그러므로 그곳은 당연히 초목이 무성하고 인민의 생활은 풍족하여 여러 외국이 앞다퉈 이 땅을 얻으려고 할 법한데, 영국이 이곳에서 개간하고 있는 땅은 겨우 그 10분의 1에 불과하니, 내가 평소에 이상하게 여기는 바이다. 만약 우리 나라가 이곳을 손에 넣으면 분명히 큰 이익이 될 것이다. 조선과 만주는 연결되어 있는데, 일본의 서북쪽에 있고, 양쪽 모두 바다로 떨어져 있지만 가깝다. 그리고 조선은 옛날에는 우리 나라에 신하로 속했지만 지금은 좀 거들먹거리고 있다. 그 점을 분명히 밝히고 원래대로 바로잡을 필요가 있다. …… 에조치를 개간하여 여러 다이묘를 봉(封)하고 틈을 봐서 캄차카와 오호츠크를 탈취하며, 류큐의 왕도 타일러 내지(內地: 일본 본토)의 제후(다이묘)와 마찬가지로 참근(參勤)시키고[19] 회동(會

同)시키지 않으면 안 된다. 또 조선을 옛날과 마찬가지로 공납(貢納)하도록 촉구하고,[20] 북으로는 만주의 땅을 분할하여 빼앗아야 한다. 또 남으로는 타이완, 루손(필리핀)의 여러 섬을 우리 수중에 넣어 진취적인 기상을 떨쳐야만 할 것이다.[21]

가히 장대한 해외 침략론이라 할 수 있다. 이들의 해외 팽창론을 보면, 첫째로 에조치 외에도 방대한 지역에 침략하고 진출할 것을 주장하고 있다는 점이 눈에 띈다. 하시모토는 연해주, 만주, 조선의 병합뿐 아니라 아메리카, 인도에도 일본의 거점을 마련할 것을 주장했다. 쇼인도 에조치, 캄차카, 오호츠크 등 북방 지역과 조선, 만주 외에도 루손, 타이완, 류큐, 오스트레일리아 등 해양 지역으로의 진출을 강조하고 있다. 둘째로 이들은 중국에 직접적으로 진출하거나 침략할 것은 언급하고 있지 않다. 이 점은 앞서 살펴본 사토 노부히로가 중국 점령을 위해 자세한 군사전략까지 제시한 점과 대조적이다. 또 하나 주목할 것은 조선이 원래 일본에 조공하거나 신하로 복종하고 있었다는 주장이다. 이런 허황된 주장이 이전에도 전혀 없었던 것은 아니나, 해외 팽창론이 본격화되면서 이런 조선관이 더욱 널리 유포되고, 더욱 강고하게 정착되어 갔던 것이다.

해외 웅비론 대두의 원인

이상 살펴본 것처럼 서양이 불러온 '위기' 앞에서 일본의 '강력한 소수파'는 당시로서는 환상과도 같은 해외 웅비론을 주장했다. 불

일본은 어떻게 서양 문물을 신속히
수용할 수 있었나

과 100년 후에 그들의 주장이 대부분 실현되었다는 것을 생각하면(물론 그 결말은 파국이었지만) 단순한 환상이라고만 볼 수도 없지만, 당시 일본과 국제 정세를 보면 어떻게 이런 해외 팽창론이 형성되었는지 이해하기 힘든 점도 있다.

앞에서도 언급했듯이 당시 일본은 중국, 조선 등 인근 국가와 어떤 정치적·군사적 긴장 관계도 갖고 있지 않았다. 또 경제적으로도 산업혁명이 아직 일어나지 않았으므로 자국의 물품을 해외로 수출할 능력도 의사도 없었다. 그런데 어떻게 이런 거대한 해외 침략 구상이 나왔던 것일까. 필자는 아직 이 물음에 대한 정확한 답을 갖고 있지 못하다. 다만 몇 가지 가설을 제시해 보고자 한다.

먼저 일본이 에조치에 러시아가 출몰하고 있다는 사실에 민감하게 반응했다는 점을 주목할 필요가 있다. 당시 에조치 중에는 지금의 홋카이도 남단에 있는 하코다테(箱館) 일대가 마쓰마에 번 영지에 속해 있었을 뿐, 에조치 전체가 일본의 영역이라는 인식은 일반적이지 않았다. 에조(蝦夷)라는 이름에서도 알 수 있는 것처럼 전통적으로 일본인들은 이 지역을 자기들과는 구분되는 오랑캐가 사는 지역으로 여겼다. 더구나 에도와 에조치 사이의 거리는 상당했다. 즉 일본인에게 에조치는 오랫동안 머나먼 이역의 세계에 가까웠던 것이다. 그런데 어떻게 이 지역에 러시아가 나타난 것에 대해 그토록 민감하게 반응할 수 있었을까. 이때 일본 지식인들의 반응을 보면 거의 우리 영토, 우리 백성을 지켜야 한다는 식의 주장을 하고 있다. 어떻게 이렇게 되었을까?

거기에는 이 시기 에조치와 일본열도 간의 무역 활황이라는 배경이 있었다. 사할린, 홋카이도, 쿠릴 열도 등에 산재해 살고 있던 아이누는 18세기 무렵부터 오호츠크 해를 무대로 활발한 무역 활동을 벌인다. 그 범위는 북으로는 캄차카 반도와 헤이룽 강 하구까지, 남으로는 동해 연안 지방에까지 미쳐 있었다. 이른바 '오호츠크 해 무역'이다. 이 무역망을 타고 어류, 물고기 비료, 다시마 등 일본인의 생활에 없어서는 안 될 필수품들이 대량으로 공급되었다. 다시 말하면 아이누 무역 의존도가 크게 높아진 것이다. 러시아도 이 무역권에 주목했음은 물론이다. 이에 따라 에조치는 더 이상 머나먼 이역의 땅이 아니라 일본 경제에 중요한 지역으로 변해 있었다.

일본인 방문자 수도 급증했다. 이전에는 주로 마쓰마에 번 사람들이 아이누와 접촉하는 데 불과했으나 경제적 이익이 커지자 오사카, 에도 등지의 상인들이 아이누와 직접 거래하게 되었다. 또 호기심 많은 탐험가들, 지식인들이 에조치를 방문했다. 혼다 도시아키는 생전에 세 번 에조치를 다녀왔고, 막부도 모가미 도쿠나이(最上德內), 곤도 주조(近藤重藏), 마미야 린조(間宮林藏) 등의 탐험가를 파견하여 지리와 생활 실태를 조사케 했다.

이처럼 18세기 말에는 이미 에조치가 경제적으로, 인적으로 일본과 밀접하게 연결되어 있었고, 막부와 지식인들에게 이곳은 주요 관심사 중 하나였다. 혼다 도시아키가 일본의 국경을 사할린이라고 하고 아이누들이 러시아에 현혹되어 일본으로부터 이탈할 것을 우려하며 그들을 마치 일본 백성 취급한 것도 이런 배경에서였다. 이런 상황이었기에 러시아 출현의 소식은 에도 지식인들에게 큰 충격으로 주었고

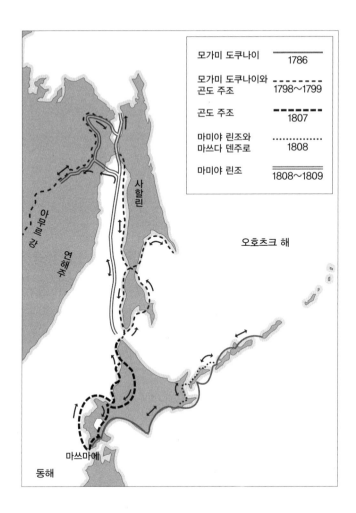

막부 탐험대의 에조치 탐험로

18세기 말부터 19세기 초에 걸쳐 막부는 여러 차례 탐험대를 파견하여 항로를 조사하고 러시아와 아이누의 동태를 살폈다.

위기감을 증폭시켰던 것이다.

둘째로, 진구 황후(神功皇后) 전설과 도요토미 히데요시의 행적이 광범하게 유포되며 찬양되던 상황을 들 수 있다. 이 둘은 모두 한반도를 침략(진구 황후의 경우는 전설)한 사람들인데, 에도 시기 출판의 발달과 강담사(講談師: 주로 역사를 소재로 하는 이야기꾼)의 활동 등에 힘입어 그들의 이야기가 크게 유포되었다. 도요토미 히데요시는 도쿠가와 이에야스의 정적이었기 때문에 에도 시대 초기에는 크게 이야기되지 않았으나 중기 이후 자주 언급되기 시작한다. 이처럼 다른 나라를 침략한 자들을 영웅으로 치켜세우는 분위기가 이 시기 해외 팽창론의 대두에 영향을 주었을 것이다.

셋째는, 앞에서도 언급했듯이 일본이 인근 지역에 아무런 동맹국도 없이 고도(孤島)로 존재했다는 점이다. 이것은 위기감과 불안감을 과도하게 증폭시켜 무모한 해외 팽창 구상을 갖게 만들었다. 하야시 시헤이는 18세기 말에 이미 서양이 중국을 기지로 삼아 일본을 공격할 것에 대해 우려했다. 사면이 바다로 둘러싸인 일본이 주변 지역을 장악하지 못하면 그곳들이 적국의 군사기지가 될 것이라는 생각이 주변 지역에 대한 침략론으로 이어졌다. 에조치는 러시아가, 류큐는 영국과 프랑스가, 조선은 러시아가 장악할 것을 우려하여 침략하려고 한 것이다.

넷째로, 일본 지식인들은 이미 18세기 후반부터 서양이 세계 각지를 식민지화하고 있는 현상을 잘 알고 있었으며, 결국 세계는 몇몇 강대국의 권역으로 구분될 것이라는 인식을 갖고 있었다. 이것은

**일본은 어떻게 서양 문물을 신속히
수용할 수 있었나**

좋든 싫든 따라갈 수밖에 없는 시대의 대세라고 보았다. 따라서 식민지가 되기 싫으면 스스로 강대국이 되어 하나의 권역을 구축해야 하는 것이었다. 이것은 실로 20세기 전반기 대동아공영권의 기원이 되는 발상이라고도 할 수 있을 것이다. 또한 그들은 서양이 식민지를 통해 큰 이득을 보고 있다는 사실도 잘 알고 있었다. 특히 무주지(無主地: 국제법상 어느 국가의 영토로도 되어 있지 않은 지역)의 경우 먼저 점령하지 않으면 다른 국가가 차지할 것이라는 인식이 해외 팽창론을 더욱 부채질했다.

3. 신속한
개항 결정의 비밀

아편전쟁과
쇄국수구론의 쇠퇴

1853년 여름 에도 만 앞바다에 흑선(黑船)이 출현했다. 바로 미국 태평양 함대 사령관 페리(Matthew Perry) 제독이 이끄는 함대였다. 그 이전에도, 특히 아편전쟁 이후로 서양 배들이 일본 연안에 출현한 경우가 적지 않았다. 그러나 이번에는 인구 100만의 에도 앞바다에 직접 출현한 것이어서 일본 조야에 강한 충격을 주었다. 일단 중국의 상하이로 돌아갔던 페리는 이듬해 초에 다시 와서 국교를 수립할 것과 기항지를 제공할 것 등을 강하게 요구하였다. 막부는 고심 끝에 결국 페리의 요구를 수용하고 1854년 미일화친조약(가나가와 조약(神奈川条約))을 맺었다. 그리고 4년 후인 1858년 일본 주재 미국 총영사 타운센드 해리스(Townsend Harris)의 강압적 요구에 밀려 미일 무역을 허용하는 미일통상조약을 체결하였다.

이런 급변하는 상황을 앞에 두고 일본인들은 격론을 벌였다. 그 입장 차이를 크게 나눠 보면 그림과 같다.(뒷면 그림 참조)

먼저 쇄국 수구론이다. 이 입장은 기본적으로 1장에서 설명한 쇄국 체제를 유지하려는 것이다. 18세기 말에 러시아가 등장하자 막부는, '일본은 조선, 류큐와만 통신(通信: 국가 간 교류)하고, 중국, 네덜란드와만 통상(通商: 국교는 없고 무역만 함)하며, 그 외의 국가들과는 일절 교류하지 않는다.'는 '4개국 통신통상론'을 천명하였다. 막부 초기 이래 이어져 온 쇄국 체제를 공식적으로 대외에 천명한 것이다. 1810년대 이후 러시아의 진출이 잠잠해지자 쇄국 체제는 큰 문제없이 유지될 것처럼 보였다. 쇄국론자들은 '강력한 소수파'의 위기의식을 과장된 것이라고 폄하하고, 서양 세력은 나가사키에서의 제한 무역으로 통제할 수 있을 것으로 보았다. 그들은 서양 세력의 목적은 군사 침략이 아니라 무역이며, 유라시아 대륙 서쪽 끝에 있는 그들이 머나먼 동아시아에 와서 전쟁까지 감행할 능력은 없다고 판단했다.

그러나 아편전쟁의 발발은 이들의 입지를 현격히 좁혀 버렸다. 서양 세력이 무역만을 목적으로 하는 것이 아니라 필요에 따라서는 군사 침략도 서슴지 않는다는 것, 그리고 이미 동남아시아에 기반을 확보하여 동아시아에 충분히 군사행동을 벌일 수 있다는 것이 백일하

일본은 어떻게 서양 문물을 신속히 수용할 수 있었나

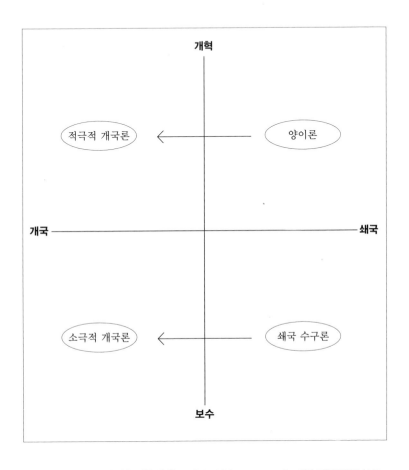

막말기 대외관의 분포와 상호 이행 관계(三谷博, 『明治維新とナショナリズム: 幕末王權政治變動』(山川 出版社, 1997) 70쪽 그림을 수정 인용)

에 드러난 것이다. 반면에 '강력한 소수파'들은 아편전쟁을 계기로 영향력을 크게 확장했다.

더구나 청과 전쟁을 벌인 영국이 다음에는 일본을 침략할 거라는 소문도 파다했다. 전쟁 당사자인 청이나 조선이 아편전쟁으로 그다지 큰 위기의식을 갖지 않았던 데 비해 일본 전역은 아편전쟁에 대한 갖가지 뉴스와 소문으로 끓어올랐다. 아편전쟁 뉴스를 전한 네덜란드의 풍설서는 광둥(廣東)에서 발행되는 영자 신문을 정보원으로 하고 있었기 때문에 영국의 승리를 더욱 과장했다.[22] 일본인들의 눈에는 아편전쟁의 패배는 청의 위기였으며 동시에 일본의 위기였다. 일본에는 '페리 내항의 충격' 이전에 '아편전쟁의 충격'이 있었던 것이다.

때마침 네덜란드 국왕은 세계 대세를 설명하고 개국을 권고하는 서한을 막부에 보냈다. 일본 근해에 출몰하는 서양 선박도 급증하였다. 이런 상황에서 기존 체제를 아무런 수정 없이 그대로 유지하려는 쇄국 수구론은 일찌감치 힘을 잃어버렸다. 아편전쟁을 계기로 1840년대에 이미 쇄국 수구론이 쇠퇴했다는 점, 이 점이야말로 아편전쟁이 일본에 준 가장 큰 선물일 것이다. 일본이 개항으로 가는 길의 가장 큰 걸림돌이 초기에 치워진 것이다.

그렇다고 막부가 쇄국을 포기한 것은 아니었다. 기존 형태의 쇄국을 고집할 경우 서양과의 전쟁이 발발해 체제가 와해될 위험이 커진 이상, 전쟁을 회피하기 위해 필요하다면 나가사키 이외의 한두 개 항구를 더 개방하는 것까지는 용인하자는 것이었다. 그리고 그 사이 본래의 쇄국 체제로 돌아갈 힘을 갖기 위해 국방력을 증진한다는 것이다. '변형된 쇄국론'이라고 할 수 있을 것이다. 이것은 거꾸로 보면 쇄국 체제의 유지를 위해 일부 개방을 허용하자는 '소극적 개국론'이라고도 할 수 있다. 이 입장을 대표한 것이 막부 수석 로주 아베 마사히로(阿部正弘)였다. 쇄국을 위해 어디까지 개국을 허용할 것인가. 이 난제를 갖고 1840년대부터 20년간 막부 당국자는 고심에 고심을 거듭했다. 처음부터 '변형된 쇄국론'은 '소극적 개국론'으로 바뀔 소지가 다분히 있었다.

변형된 쇄국론이 극한에 이르러 소극적 개국론이 된 계기가 페리와 체결한 미일화친조약, 즉 가나가와 조약이었다. 당시 페리의 요구를 거절할 경우 그가 군사적 행동에 나설 것은 충분히 예상할 수 있었다. 막부는 이를 피하고자 통상 요구는 교묘히 회피하면서 시모다(下田), 하코다테(箱館) 등의 항구를 기항지로 제공하겠다고 약속했다. 당시 막부 당국자들은 몇 개의 항구를 추가로 개방했지만 무역 통상은 회피함으로써 전체적으로는 쇄국 체제 유지에 성공했다고 생각했다. 이 때문에 이 가나가와 조약에 대해서는 나중의 미일통상조약 때와는 달리 천황도 금방 칙허를 내려 주었고, 이에 대한 양이론자들의 반대도 별로 없었다. 그러나 이런 어정쩡한 상태는 5년도 채 가지 못한 채 파탄나고 말았다.

이 과정에서 막부는 방대하고 정확한 국제 정세 정보를 열심히 수집했다. 막부는 서양 열강이 동남아시아와 동아시아에서 벌이는 일들을 대체로 파악하고 있었고, 유럽 대륙의 사정도 대강은 알고 있었다. 단적인 예로 미국이 함대를 파견하여 일본을 압박하며 개항을 요구할 거라는 사실, 그리고 그 함대 사령관의 이름이 페리라는 정보까지 막부는 미리 갖고 있었다. 이처럼 막부에 서양 정보가 풍부하게 축적되어 있었기 때문에, 막부의 많은 우수한 역인들이 개국주의자로 변해 갔다. 적지 않은 정권 핵심 분자들이 개항과 무역을 시대의 대세로 받아들이고 있었다는 것은 일본의 신속한 개항 결정을 이해하는 데 결정적이다. 그들의 영향력으로 볼 때, 반체제 세력에 열 명의 개항론자가 있는 것보다 정부 내에 한 명의 개항론자가 있다는 것이 더 중요할 수도 있기 때문이다.

적극적 개국론과 양이론의 뜻밖의 공통점

가나가와 조약에 따라 일본에 주재하게 된 미국 총영사 해리스는 통상조약 체결을 강하게 요구했다. 때마침 중국에서 벌어진 애로호 사건으로 영국, 프랑스가 군사행동에 나서자, 막부는 위협을 느껴 더 이상 버티지 못하고 1858년 미일통상조약을 체결했다. 부분적 개항에 의한 쇄국 체제 유지(변형된 쇄국론, 소극적 개국론)는 더 이상 가능하지 않다는 것이 분명해진 것이다. 결국 아베 마사히로의 뒤를 이은 막부 다이로(大老: 쇼군을 보좌하는 막부의 최고직. 로주보다 윗등급이나 비상근 직제였다.) 이이 나오스케는 쇄국론을 포기하고 개국론을 천명하지 않을 수 없었다. 물론 이 과정에서 막부 내 개항론자들이 큰 역할을 한 것은 물론이다.

개국을 천명한 이상 막부는 '굴욕 외교'에 대한 양이론자들의

일본은 어떻게 서양 문물을 신속히
수용할 수 있었나

비난을 잠재우기 위해서라도 개국을 통한 국위 선양을 주장하지 않을 수 없었다. 즉 개국이 오히려 일본을 부강하게 만들고 일본의 위상을 세계만방에 떨칠 수단이라는 것이다. '적극적 개국론'의 등장이다. 이 주장의 핵심 인물은 막부 로주 홋타 마사요시(堀田正睦)와 그를 둘러싼 막부 메쓰케 그룹이었다. 적극적 개국론이 막부 권력의 핵심부에서 먼저 나와 강력한 세력을 형성했다는 점에 주목하자.

홋타는 명문 후다이번인 사쿠라 번(佐倉藩)의 번주로 있을 때부터 네덜란드 문물을 하도 좋아해서 '난벽(蘭癖: 네덜란드 마니아)'이라고 불릴 정도였다. 그만큼 서양 사정에 관심과 정보를 많이 가지고 있었고, 번정(藩政) 개혁에도 크게 성공하며 주목을 받았다. 1856년에 해방(海防) 담당 수석 로주가 되면서 아베 마사히로 대신에 막부 내 실력자로 부상했고, 미국 공사 해리스와 협상하면서 결국 미일통상조약을 체결한 장본인이다. 그는 통상조약 체결을 추진하면서 변형된 쇄국론, 소극적 개국론을 버리고 적극적 개국론을 과감히 주창했다.

1857년 말 에도는 시끄러웠다. 가나가와에 부임해 있던 주일 미국 공사 타운센드 해리스가 에도에 올라가 쇼군을 만나겠다고 고집을 부렸기 때문이다. 해리스의 입장에서는 공사로 부임한 이상 일본국의 수반인 쇼군을 만나는 것은 당연한 권리요, 의무였다. 그러나 안 그래도 외국 공사의 부임에 대한 양이주의자들의 비난 여론이 들끓고 있는데 '오랑캐'가 수도인 에도에 와서 쇼군을 만난다는 것은 정치적으로 큰 부담이었다. 해리스가 페리와 맺었던 가나가와 조약을 뛰어넘는 통상조약 체결을 요구할 것도 뻔했다. 더 이상 변형된 쇄국론이나 소극적 개국론으로 버틸 상황이 아니었다. 결단이 필요했다.

훗타 마사요시는 마침내 장문의 의견서를 정부에 제출했다.[23] 1857년 시점에서 막부의 최고 정책 결정권자 중 한 사람이 내는 의견임을 기억하면서 그 내용을 자세히 살펴보자.

그는 쇄국과 전쟁 회피를 위한 소극적 개국론은 "기백 없는 속리(俗吏)의 주장"이라고 일갈했다. 반대로 그는 무모한 양이론에 대해서도 강하게 비판했다. 양이론은 허풍 떠는 자들의 허황된 강경론으로, 일시적으로 전투에서 승리한다 하더라도 전쟁은 계속될 것이고 나라는 피폐해질 것인데 이에 대한 대책이 없다는 것이다. 그럼 그의 대책은 무엇인가. 여기서 그는 놀랍게도 부국강병을 위한 적극적인 무역 개시와 해외 진출을 주장하고 있다.

훗타는 당시의 세계정세를 이렇게 보고 있었다. 지금 세계 형세는 중국 고대의 춘추전국시대나 일본의 전국시대와 같고, 각국이 서로 지배자가 되려 한다. 따라서 전 세계를 통일하는 세력이 나오지 않고서는 동맹과 전쟁은 반복될 것이며, 홀로 고립하여 태평을 누릴 수 있는 국가는 하나도 없다는 것이다.[24] 예리한 인식이 아닐 수 없다.

그렇다면 이런 상황에서 일본은 어떻게 해야 하는가. 여기서 훗타는 현실주의자답지 않은, 당혹스러운 목표를 제시한다. 일본이 세계만방의 대맹주가 되어야 한다는 것이다. 양이론자들의 '굴욕 외교'에 대한 비판을 잠재우기 위한 의도가 있었던 것일까. 훗타는 계속 주장한다. 그러나 대맹주가 되어 세계를 통일하는 일은 하루아침에 이뤄질 수 있는 것이 아니므로, 그때까지는 외국에 외교관을 파견하고 해

일본은 어떻게 서양 문물을 신속히
수용할 수 있었나

외무역을 하면서 그들의 장점을 취해야 한다. 미일통상조약 같은 사소한 일로 분쟁을 일으킨다면, 서양 국가들이 합심하여 일본을 정벌하려 할 것이고, 일본은 견디지 못할 것이다. 일본은 인구도 많고, 토양도 비옥하고, 사람들도 용감하므로, 전 인민이 합심하여 세계의 대맹주가 되도록 노력하자는 것이다. 바로 이 부분에 홋타의 본심이 있었을 것이다. 이러한 의견은 홋타뿐 아니라 메쓰케 그룹 등 막부 내에서도 많은 지지를 얻고 있었다.

그 후 약간의 곡절은 있었으나 무역을 통한 부국강병은 막부의 기본 노선이 되었다. 이미 1850년대 후반부터 일본 국정을 담당하는 막부의 노선이 이렇게 정해졌다는 점, 눈여겨볼 대목이다. 뒤에서 서술하겠지만 당시 막부의 개국 노선을 비판하던 양이주의 세력들도 1860년대 중반이 되면 대체로 막부와 같은 적극적 개국론으로 전환한다. 어떻게 보면 막부가 이 노선을 선도했다고 볼 수 있다. 그리고 그 후부터는 같은 개국 노선, 부국강병 노선을 가진 세력 간의 정권 다툼으로 정국이 전개되었다.

다음으로 미일통상조약 체결 문제를 계기로 주요 정치 세력으로 부상한 양이론자들의 주장에 대해 검토해 보자. 양이론(攘夷論)은 문자 그대로 '오랑캐를 몰아내자.'는 것으로, 청에도 조선에도 있었다. 물론 말로 안 되면 전쟁도 불사한다는 것이다. 일본은 사무라이 국가이므로 주전론(主戰論)은 더욱 호소력이 있었다. 그러나 잘 살펴보면 일본의 양이론은 조선이나 청의 양이론과는 사뭇 다르다는 것을 알수 있다. 먼저 양이론의 대표 주자인 미토 번주 도쿠가와 나리아키의 주장을 살펴보자. 1853년 페리가 내항하자 일본의 조야는 큰 위기감에 휩싸였고, 그동안 정치적으로 소외되어 왔던 나리아키가 급히 등용되었다. 페리를 어떻게 대할 것인가를 놓고 논의가 분분하던 때 나리아키는 다음과 같은 의견서를 내밀히 막부에 제출했다.

> 태평이 계속되어 왔으므로 지금 상태로는 전쟁은 어렵고 화친이 쉬울 것입니다. 그러나 일단 전쟁 방침을 정하여 천하가 모두 전쟁할 각오가 돼 있는 상태에서 화친을 맺는다면 괜찮겠지만, 화친을 위주로 하다가 전쟁이 나면 어떻게 할 방법이 없을 겁니다. 그러므로 지난번에 화친의 가능성에 대해 말씀드린 것은 해방(海防: 국방) 담당자들만의 극비로 하고, 이번에는 실로 전쟁할 각오를 천명해야 할 것입니다. 배꼽 아래에 '화(和)'라는 글자를 내놓고 다녀서는 자연히 밖으로 새어 나가게 되므로, 일단 '화' 자는 봉해 두고 해방 담당자만 알고 있었으면 합니다.[25]

나리아키는 전쟁할 각오를 표명할 것을 촉구하고는 있지만, 즉각 전쟁할 것을 주장하거나 화친을 선택지에서 아예 배제한 것은 아님을 알 수 있다. 화친을 선택할 가능성은 있으나 그것이 표면화되면 외교교섭상 불리해지고 사기 진작도 어려워지므로, 해방(海防) 담당자들의 비밀 사항으로 해 둬야 한다는 것이다. 이쯤 되면 나리아키는 열렬하고 무모한 양이론자라기보다는 전략적인 외교가이자 술책에 능한 정치가라고 보는 편이 더 타당할 것이다. 일본의 양이론에는 이런 술책적인 측면이 있었던 것이다. 이항로나 최익현 같은 조선의 양이론자들이 본다면 이는 양이론이라고 할 수 없을지도 모른다.

무역과 쇄국에 대해서도 나리아키는 양이론자답지 않은 태도를 보이고 있다. 그는 외국과 교역해야 한다는 난학자들의 주장에 반대하면서도 "신국(神國: 일본)의 민심이 단단하고 무비(武備)가 충분하게 되어 옛날의 국력을 회복한다면, 외국에까지도 건너가서 일본의 은혜를 베풀고 국위를 떨칠 수도 있겠지만"[26] 지금은 때가 아니라는 취지의 말을 했다. 옛날과 달리 현재 일본은 국력이 부족하여 외국과의 교류는 안 된다는 주장이지만, 거꾸로 읽으면 국력이 강해졌을 때에는 외국 진출도 가능하다는 주장이다. 원천적인 교류 불가론이 아니라 시기상조론인 것이다. 실제로 나리아키는 페리를 일단 돌려보낸 후 3년 뒤에 일본 스스로 미국이나 유럽에 가서 무역(出貿易)을 하자고 했고, 장래에는 해외 유학생 파견과 식민지 개척도 해야 한다고 주장했다. 조선이나 청의 양이론자들과는 확연히 다른 점을 알 수 있다. 이처럼 나리아키는 당장의 항구 개방과 교역 개시에는 신중했지만 장기적으로 이를 원천 부인한 것은 아니었다. 그가 주장하는 방식의 개국이라면, 진구 황후와 도요토미 히데요시의 해외 진출을 영웅시하는 일본의 양이론자들이 거부할 이유가 없는 것이다. 이런 형식의 개국도 개국으로 본다면 일본의 양이론자들은 거의가 개국론자였다고 할 수 있다.

이는 또 다른 대표적 '양이론자'로 불리는 요시다 쇼인에게서 좀 더 명확하게 확인할 수 있다. 쇼인은 1858년의 미일통상조약 체결에 격렬하게 반대했지만, 결코 쇄국 양이론자는 아니었다. 앞에서도 본 것처럼 그는 해외 팽창론자였던 것이다.

쇄국론은 일시적으로 무사함을 가져다줄 수 있으나 무사안일주의 자들이 좋아하는 것으로 결국 원대한 계책은 아닙니다. 예를 들어 일본 내에서도 한 지방에 머무는 자와 천하를 돌아다니는 자는 그 능력에 큰 차이가 생기는데, 하물며 전 세계〔四海〕에 있어서는 어떻겠습니까. 부디 대함(大艦)을 만들어서, 공경(公卿)부터 여러 다이묘〔列侯〕들까지 만국을 항해하여 식견을 넓혀서 부국강병의 대책략을 세웠으면 합니다. 전쟁할 경우를 생각해 봐도 쇄국은 …… 일시의 전략은 될지 모르나, 장기간 해안 방어에만 재정을 써서 궁핍해졌을 때 적이 침공해 오기라도 한다면 혼자서 농성하는 자와 같게 될 것입니다. 외국 사정을 모르고 헛되이 해안을 지키다 궁핍해지는 것은 실로 실책입니다. 영국과 프랑스 등이 소국이지만 만리 먼바다에 있는 타국을 제압하게 된 것은 모두 항해를 잘하기 때문입니다.[27]

일본의 양이론자가 쇄국론자가 아님은 이로써 쉽게 알 수 있을 것이다. 이 밖에도 쇼인은 항해술을 익히기 위해서 교토에 '대학교'를 세워 항해술을 가르치고 무사와 공경의 젊은 자제들을 외국선에 승선시켜 배우게 하며, 청년 수십 인을 네덜란드 선에 태워 매년 광둥, 자바 등지에 파견해야 한다고 주장했다.[28] 또 그는 서양 정보를 얻기 위한 외국어 습득과 서양 서적 번역을 주장했다.[29] 이쯤 되면 앞서 소개한 적극적 개국론자들의 주장과 무엇이 다른가? 일본의 양이론이 쇄국론과는 인연이 먼 것이라는 점이 다시 한번 확인된다.

쇼인은 미국과의 통상조약 체결에 대해서도 원천적으로 반대한 것은 아니었다. 단 미국의 강압적 태도와 막부의 '굴욕 외교'를 비판했다.

> 국가의 대계를 말하노니, 웅대한 포부를 떨치고 사방의 오랑캐(四夷)를 제어하려고 한다면 항해통시(航海通市)가 아니고서 무엇으로 이루겠는가. 만약 쇄국한다고 앉아서 적을 기다리기만 한다면, 기세가 꺾이고 힘이 위축되어 어찌 망하지 않을 수 있겠는가. …… 항해통시는 원래 웅대한 계획을 도모하는 데에 도움이 되는 것으로 도쿠가와의 조상이 남긴 국시이다. 쇄국은 원래 무사안일한 계책으로 나중에 생긴 잘못된 정책이다. …… 원컨대 (미국은) 물러나서 우리가 찾아가 답해 줄 것을 기다리라. …… 우리가 스스로 캘리포니아(加里蒲爾尼亞)를 방문하여 지난번의 사절단에 답례하고 화친조약을 체결할 것이다.[30]

미국이여, 우리가 아직 준비가 안 돼 있다. 이번에는 물러가라. 우리가 곧 캘리포니아로 갈 테니 그때 조약을 맺자. 이것이 '양이론자' 쇼인의 주장이었다. 과연 '양이론자'라고 할 수 있는가. 양이론은 맹목적인 교역 반대는 아니었다.(물론 맹목적인 교역반대론자들도 있었다.) 그들은 교역이 일본의 부를 해외로 유출하고 사회를 혼란에 빠뜨릴 것이라는 우려를 갖고 있던 동시에, 잘만 하면 교역이야말로 국부를 크게 늘려 부국강병을 가능케 할 길이라고도 인식했던 것이다. 조선의 양이론자들은 부국강병을 국가 목표로 삼는 것을 혐오했지만, 일본 양이론자들의 목표는 적극적 개국론자들과 마찬가지로 부국강병이었다.

이제까지 살펴본 것처럼 일본의 양이론은 장래의 개국을 부정한 것이 아니었다. 시기상조라고 보았을 뿐이다. 장래의 개국을 위해서는 일본을 전면적으로 쇄신하지 않으면 안 되었다. 그런데 그들이 보기에 당시 일본은 태평의 잠에 취해 깨어날 줄 몰랐고, 막부는 태평을 유지하려고 '굴욕 외교'를 거듭했다. 양이론자들은 이 태평의 미몽을 흔들어 깨우기 위해서 서양에 대한 강경책을 주장한 것이다. 내정 개혁을 위한 '양이의 수단화'이다.

양이론자가 개혁을 위해 요구한 사항들은 거의 도쿠가와 체제의 근간에 해당되는 것들이었다. 예를 들면 대선(大船) 제조 금지의 해제, 참근교대의 완화, 농병제(農兵制) 채용(당시는 사무라이만이 군인이 될 수 있었다.), 사무라이의 토착화(즉 병농 분리의 폐지), 천황의 정치화 등이다. 그들이 추구한 가장 급진적인 개혁은 천황 친정(天皇親政)이었다. 일본의 양이론은 수구론이기는커녕 가장 급진적인 사회 혁신론이었다.

일본 대외론의 특징[31]

이상 살펴본 막말기 대외론의 특징을 검토해 보자. 먼저 눈에 띄는 것은 쇄국 수구론이 일찍 쇠퇴했다는 점이다. 그 결정적 계기는

일본은 어떻게 서양 문물을 신속히 수용할 수 있었나

아편전쟁이었다. 동아시아 국가 중 아편전쟁을 가장 충격적으로 받아들인 것은 일본이었을 것이다. 이를 계기로 '강력한 소수파'의 주장이 설득력 있게 받아들여졌고, 대외 인식은 크게 변화했다. 조선의 경우 쇄국 수구론에 해당되는 위정척사파가 19세기 말까지 재야 유림 세력을 지배하며 조정의 개방정책에 제동을 건 강력한 세력으로 존재했던 점과 대조적이다.

둘째, 양이론이 쇄국이나 수구론으로 연결되지 않고 급진적인 내정 개혁을 주장했다는 점이다. 어떤 체제가 절박한 대외 위기감을 느낄 때 배외주의(排外主義) 세력이 나타나는 것은 일반적인 일이다. 이것은 중국이나 조선의 경우도 마찬가지였다. 그러나 일본 양이론은 격렬한 배외주의에 그친 것이 아니라 그 배외주의를 실현할 수 있는 전제로 체제의 혁신을 시도했다. 재미있게도 양이론은 서양 격퇴에 대한 구체적 방안은 거의 제시하지 않았고, 오히려 내정 개혁안을 제시하는 데 몰두했다.

셋째, 해외 팽창론(웅비론)에 많은 사람들이 동의하고 있었다는 점이다. 적극적 개국론자들은 물론 양이론자들도 1864년 이후 양이를 포기하고 해외로 웅비할 것을 주장했다. 소극적 개국론자들 역시 같은 입장을 취하게 된 것은 놀라운 일이다. 요컨대 쇄국 수구론이 일찌감치 쇠퇴한 후로는 정도의 차는 있더라도 거의 모든 정치 세력이 해외 팽창론을 공유하고 있었다고 할 수 있다. 메이지 이후 일본이 끊임없이 보여 준 대외 팽창욕은 이런 상황과 관련이 있을 것이다.

넷째, 대외론이 권력투쟁 중에 정략적으로 이용된 측면이 있었다. 즉 권력을 쟁취하기 위한 수단으로 외교를 이용하는 경향이 농후했다는 것이다. 반막부파들은 속으로는 개국을 반대하지도 않으면서, 막부의 조약 체결을 공격하기 위해 배외주의를 선동하였다. 거꾸로 조약 체결에 앞장섰던 막부도 천황이 배외주의적인 태도를 누그러뜨리지 않자, 한때 그의 환심을 사고자 조약을 파기하고 이미 개항했던 요코하마 항을 다시 폐쇄하려고 하여, 많은 사람들을 경악케 했다.

이러했기에 대외론을 둘러싼 정치 세력 사이의 대립은 오래 지속되지는 않았다. 우리는 막말기 일본 정국에서 개국파와 쇄국파의 대립을 실제 이상으로 과대평가하는 경우가 많다. 그러나 실제로 양이론이 극성을 부린 것은 막부 독단으로 통상조약이 체결된 1858년 이후 1년여 동안, 그리고 교토에서 양이론이 절정에 달했던 1862년 이후 1년여 동안, 도합 3년 정도에 불과했다. 그것도 앞에서 본 대로 정략적인 대립의 측면이 강했다. 게다가 1864년 조슈 번이 시모노세키 전투에서 서양 세력에 패해 더 이상 양이를 표방할 수 없게 되자 대외론의 차이는 소멸되었다. 거의 모든 정치 세력은 서양 주도의 국제사회에 대한 참여, 군사기술 도입과 무역을 통한 부국강병과 일본의 독립 유지, 그리고 장기적으로는 해외 진출이라는 대외론에 동의했던 것이다.

메이지 정부가 탄생했을 때 일부 무지한 양이론자들은 메이지 정부를 양이 정권으로 오해하여, 정부가 곧장 개항장의 서양 오랑캐를 몰아낼 것으로 기대했다. 그러나 메이지 정부의 주역들은 이미 양이주의자가 아니었다. 메이지 정부가 성립한 직후 이렇다 할 내부 갈등 없이 '개국 화친'의 외교 노선을 표방한 것은 당연한 것이었다.

해외 유학생과 사절단 파견

이 시기 일본인이 보여 준 특징 중 하나는 서양 정보에 대한 왕성한 호기심과 흡수 노력일 것이다. 이미 도쿠가와 시대에도 일부 난학자들은 나가사키라는 좁은 통로를 통해 서양 정보를 쌓아 나갔다. 그러다가 개항이 되자 서양을 직접 알고자 하는 관심이 폭발적으로 증가했다. 페리가 내항했을 때 그 배에 뛰어들어 서양에 데려가 달라고 한 요시다 쇼인은 이런 시대적 분위기를 상징하는 인물일 것이다.

먼저 해외 유학생들이 서양으로 파견되었다. 막부는 1862년 14명의 네덜란드 유학생을 파견한 이래 5년 동안 62명의 유학생을 파견했다. 이 중에는 도쿠가와 요시노부의 브레인이자 메이지 초기에 유력 지식인으로 활약하게 되는 니시 아마네(西周), 보신 전쟁(戊辰戰爭)[32] 때의 막부군 총사령관이자 훗날 메이지 정부의 외무대신을 역임하는 에노모토 다케아키(榎本武揚) 등이 포함되어 있었다. 이에 질세라 조슈, 사쓰마, 사가 번도 구미에 유학생을 파견했는데, 사실 당시 번이 독자적으로 유학생을 파견하는 것은 금지되어 있었다. 이 중에는 이토 히로부미(伊藤博文), 그리고 메이지 정부의 원로이자 조선 공사로서 조선의 내정에도 깊숙이 개입하게 되는 이노우에 가오루(井上馨)가 있었고, 메이지 정부 문부대신을 지내는 모리 아리노리(森有禮)도 있었다. 이 밖에 훗날 근대 일본의 과학기술에 공헌하게 되는 인물도 다수 배출됐다. 이런 분위기 하에서 훗날 유신 초기의 이와쿠라(岩倉) 사절단 파견도 가능했던 것이다. 여기에도 물론 40명이 넘는 남녀 유학생이 동행했다. 이렇게 해서 1862년부터 5년간 막부와 각 번이 보낸 해외 유학생 수는 막부 62명, 각 번 58명, 기타 15명으로 실로 135명에 달했다. 1860년대 조선과 청의 서양 유학생이 거의 없었던 것과 대조적이다.

유학생뿐만이 아니다. 막부는 1860년대 내내 다섯 차례에 걸쳐 대규모 해외 사절단을 파견했다. 우리는 흔히 메이지 정부 수립 후인 1871년의 이와쿠라 사절단을 첫 사절단으로 생각하기 쉬우나 그렇지 않다. 막부가 보낸 사절단은 총 290명가량이며 이들은 미국, 유럽, 러시아 등을 방문했다. 그 목적은 주로 조약 비준서 교환, 국경 문제 협의, 파리 만국박람회 참가 등 외교적인 것이었지만, 여기에는 다수의 젊은이들이 공부 목적으로 동행하고 있었다. 메이지 시대를 대표하는 사상가로 게이오 대학(慶應大學) 설립자이자 오늘날 일본 화폐 1만 엔권 초상화에 등장하는 후쿠자와 유키치(福澤諭吉)도 그런 동승자 중 한 명이었다.

막부는 표류민도 적절히 활용했다. 도사 번(土佐藩)의 어민인 나카하마 만지로(中濱万次郎, 통칭 존 만지로)는 표류하던 중 미국 선박에 구조되어 미국에서 10여 년간 생활했다. 그가 귀국하자 도사 번은 그를 처벌하기는커녕 즉각 사무라이 신분으로 발탁하여 번교에서 영어를 가르치게 했다. 이어 막부는 그에게 하타모토 신분을 준 후 군함 학교 교수로 삼았다. 일개 어민이었던 그는 막부의 교수가 되어 영어, 항해술, 측량술 등을 가르치고, 영어 사전을 집필했다.

페리가 와서 미일화친조약 교섭이 한창일 때에도 그는 막부에 큰 도움을 주었다.

그뿐 아니라 메이지 정부는 초창기에 서양에서 법제, 외교, 금융, 교통, 토목건축, 예술, 과학 등의 전문가(고용 외국인(お雇い外國人))를 다수 초빙하여 선진 기술과 지식을 전수하게 했다. 1875년에만도 500명이 넘는 외국인 전문가들이 일본에 왔다. 이들에 대한 대우는 최상급이었다. 직책은 말할 것도 없고 봉급은 당시 정부 고관에 버금가는 것이었다. 대신에 메이지 정부는 이들이 반드시 일본인에게 지식과 기술을 전수하게 했고, 그들을 대체할 만한 일본인들이 생기자 더 이상 고용하지 않았다.

이상 본 것처럼 막말기부터 메이지 초기에 이르기까지의 시기는 아마도 견당사(遣唐使)를 정력적으로 파견했던 8세기 나라(奈良) 시대와 더불어 일본 역사상 해외 정보에 가장 개방적인 시기였을 것이다. 한편에서는 정체성 확보를 위한 치열한 양이 운동이 있었지만, 그 배후에서는 이처럼 선진 문물에 대한 포용적인 태도가 있었기에 일본의 도약은 가능했던 것이다.

3장

도쿠가와
막부는 왜
패했는가

1. 자기 혁신하는 '앙시앵 레짐', 도쿠가와 막부

막부의 연이은 개혁

일반적으로 전근대 시기 일본의 도쿠가와 막부는 시대의 흐름을 거스르고 기득권을 유지하려고 발버둥친 무능한 정부였다는 평가가 많다. 그러나 각국의 앙시앵 레짐(구체제)과 비교했을 때 막부는 높은 평가를 받아도 좋다고 생각한다.[1] 앞에서 언급한 신속한 개항 결정 외에도 두 가지 측면에서 그러하다. 하나는 막부가 특히 아편전쟁 이후 30년 가까운 기간 동안 시대의 흐름에 맞춰 끊임없이 자기 개혁을 추진했다는 점이고, 다른 하나는 반대 세력에 대항할 막강한 힘을 여전히 보유하고 있었음에도 결정적인 순간에 자신의 해체를 용인하여 내란 등 막대한 부담을 남기지 않았다는 점이다.

일본인이 서양 세력에게 위기의식을 느끼기 시작한 것은 18세기 말부터였다. 그러나 이것을 심각하게 인식하게 된 계기는 아편전쟁(1840~1842)이었다. 막부는 이때 대대적인 개혁에 착수하는데 이를

도쿠가와 막부는 왜 패했는가

덴포 개혁(天保改革)이라 한다. 아편전쟁을 직접 치른 청이 아무런 개혁 조치를 취하지 않은 것과 비교해 보면 영국에게 포탄 한 방 맞지 않은 일본이 즉시 대대적인 개혁에 나선 것은 특기할 만하다고 할 수 있다.

1853년 페리가 에도 만에 나타난 충격적인 사건에 막부는 기민하게 대응했다. 이때부터 막부가 추진한 개혁을 안세이 개혁(安政改革, 1854~1859), 분큐 개혁(文久改革, 1861~1863), 게이오 개혁(慶應改革, 1865~1868)이라고 하는데, 연도를 보면 알 수 있듯이 막부는 1853년부터 1868년 멸망할 때까지 지속적으로 개혁을 추진했다고 할 수 있다. 이 막부 개혁을 한마디로 요약하자면 서양 제도의 도입이다. 서양 서적을 번역하고 공부하는 연구소, 네덜란드인에게서 항해술을 배우는 해군 학교의 설립, 유럽과 미국에의 유학생 파견, 제철소 건립 추진 등등 막부는 숨 가쁘게 개혁 정책을 실행에 옮겼다. 이어서 서양식 군사 제도를 부분적으로 도입하였고, 결국엔 서양의 내각제를 본떠 정부 구조를 개편하였다. 마지막 쇼군 도쿠가와 요시노부가 브레인인 니시 아마네를 시켜 헌법을 만들게 한 것은 유명한 얘기다. 사실 메이지 정부의 서양화 정책은 막부가 깔아 놓은 레일 위를 힘차게 달린 것이었다.

막부의 개혁과
아베 마사히로

이처럼 막부가 개혁을 끊임없이 추진할 수 있었던 원인은 무엇일까. 먼저 막부가 군사정권이었다는 점에서 찾을 수 있다. 서양의 등장은 무엇보다도 군사적 위협으로 다가왔고, 군사정권인 막부에게는 전쟁의 승패가 가장 중요했다. 따라서 전쟁에서 이기기 위해서라면 웬만한 개혁 조치는 정당성을 가질 수 있었던 것이다. 다음으로 아베 마사히로(阿部正弘, 1819~1857)라는 걸출한 정치가의 존재를 들 수 있다. 그는 미국 제독 페리에게 굴복하여 개항을 했다는 이유로 당시에도 거센 비난을 받았고, 오늘날에도 무너져 가는 '무능한' 앙시앵 레짐의 대표로 박한 평가를 받고 있다. 그러나 앞에서 말한 대로 앙시앵 레짐 구성원들의 역사적 선택들이 실제로는 변혁 세력의 웬만한 움직임보다 역사의 전개에 더 큰 영향을 미친다는 관점에서 보면, 아베 마사히로 같은 정치가가 앙시앵 레짐의 주역이었던 것은 일본에게 큰 행운이었다.

그는 1842년 23세의 나이에 로주에 취임한 이래 1857년 38세의 젊은 나이로 사망할 때까지 무려 15년 동안 막부의 개혁 노선을 추진하는 데 중추적인 역할을 했다. 그가 막부 내에서 독재적인 지배권을 가졌던 것은 아니지만, 그래도 서양화 정책에 호의적인 그가 무려 15년 동안 지속적인 리더십을 발휘했다는 것은 매우 중요하다.

또한 아베 마사히로가 서양 세력에 대응하기 위해 발탁한 인재들이 막부 내에서 확고한 위치를 차지했다는 점이 중요하다. 특히 이들은 해방괘(海防掛)라는 부서를 중심으로 결집했는데, 해방(국방) 문제가 심각해질수록 이들의 발언권은 점점 커져 갔다. 아마도 이들은 당시 일본 내에서 서양에 대한 정보를 가장 많이 가지고 있었고, 서양을 가장 잘 이해하며, 일본을 서양 열강과 같은 국가로 만들려는 의욕

도쿠가와 막부는 왜 패했는가

이 가장 강했던 그룹이었을 것이다.

이러한 상황이었기 때문에 막부 내에서는 무모한 양이 주장이 거의 나오지 않았다. 물론 양이가 정치적으로 막부에게 불리하다는 사정도 있었겠지만, 이미 서양과 세계 정세를 잘 알고 있던 막부 역인들에게 양이 주장은 시대착오에 불과했던 것이다. 당시 집권자로서 가장 강한 영향력을 보유하고 있었을 막부 역인들이 이 같은 인식과 태도를 갖고 있었다는 점은 메이지 유신으로 가는 길목에서 매우 중요한 작용을 했다.

막부의 정권 포기

그런데 앙시앵 레짐 막부는 이 같은 선제적 개혁을 통해서 여전히 강력한 힘을 유지하고 있었음에도 반(反)막부 세력에 제대로 저항하지 않고 스스로를 해체하는 길을 선택하여, 메이지 유신으로 가는 길에 큰 부담을 남기지 않았다.

1867년 겨울 반막부 세력이 교토의 황궁을 포위하고 쿠데타를 감행했을 때 막부는 군사력에서도 정치력에서도 그리고 외교적인 면에서도 다른 국가의 앙시앵 레짐과는 사뭇 다른 모습을 띠고 있었다. 군사력 면에서는 게이오 개혁의 눈부신 성과에 힘입어 서양식 무기와 훈련으로 무장한 3만의 정예부대를 거느리고 있었다. 더욱이 반막부 세력에게는 없는 해군력도 상당한 수준에 이르러 있었다.

정치적으로도 막부는 고립되어 있지 않았다. 막부는 1865년부터 1866년 사이 대다수 정치 세력이 반대하던 2차 조슈 정벌전을 강행하면서 정치적으로 한때 고립되었지만, 1866년 말 쇼군에 취임한 도쿠가와 요시노부가 과감한 개혁 정책을 추진하고 마침내 1867년 말에 대정봉환(大政奉還: 천황에게 정권을 돌려줌)을 단행하자 많은 정치 세력은 막부의 리더십을 다시 인정하고 있었다. 사쓰마와 조슈 번에서 왕정복고 쿠데타가 일어난 것은 이 대정봉환을 협의하기 위해 다이묘들이 교토로 모이던 시점이었다. 따라서 쿠데타는 정치적으로 많은 지지를 얻지 못했고 오히려 사쓰마와 조슈 세력은 점점 고립되어 갔다. 신정부에 참여한 오와리 번이나 에치젠 번(越前藩)은 요시노부의 정권 참여를 촉구했다. 이런 정치 상황을 급변시킨 것이 일부 막부군의 군사적 도발로 일어난 도바(鳥羽)·후시미(伏見) 전투였다. 사쓰마와 조슈 번은 기다렸다는 듯이 이를 천황에 대한 무력 도발로 규정하고 무력으로 진압해 버렸다. 이때부터 그들의 정부 내 발언권은 압도적으로 강해졌고, 요시노부의 정권 참여는 봉쇄되었다.

외교적으로도 막부의 존재감은 건재했다. 요시노부는 쇼군에 취임한 직후 오사카에서 서양 각국의 주일 외교 사절을 접견하고 일본의 실권자임을 인정받았다. 물론 영국은 물밑에서 사쓰마, 조슈 번에 협조하였으나 프랑스는 요시노부를 거의 전적으로 지지했다. 프랑스 공사 레옹 로슈(Leon Roches)는 프랑스 은행의 차관을 일본에 들여왔고, 프랑스 기술자, 군인 등을 데려와 막부를 도왔으며, 요코스카 제철소(橫須賀製鉄所) 설립을 주선했다. 그는 사쓰마·조슈 번의 군대를 진압하는 데 프랑스군을 지원하겠다고 요시노부에게 제안하기도 했다.

그렇다면 이처럼 '비교적 건재'한 막부는 왜 전투다운 전투도

대정봉환을 선언하는 마지막 쇼군 도쿠가와 요시노부

1867년 말 요시노부는 정권을 천황에게 반환한다는 것을
여러 다이묘 앞에서 선언했다. 요시노부에게 허를 찔린 사쓰마,
죠슈는 쿠데타 계획을 서둘렀다. (그림: 쇼토쿠기념회화관 소장)

치러 보지 못한 채 스스로 정권을 포기했는가? 이에 대해서는 여러 가지 해답이 있을 수 있겠으나, 필자는 주로 막부 내 정치적 리더십, 정치적 단결의 취약을 주요 원인 중의 하나로 보고자 한다.

2. 막말기 막부의 정치적 약점

쇼군의 리더십 상실

정치적 리더십의 원천이어야 할 쇼군은 막말기 내내 전혀 리더십을 발휘하지 못했다. 1853년 페리 내항 때 쇼군 도쿠가와 이에요시(德川家慶)가 죽은 이후로 이에사다(家定), 이에모치(家茂)가 재위했지만 이 13년 동안 이 쇼군들은 거의 정치력을 행사하지 못했다. 그렇다면 어떤 사람들은 반문할 것이다. 1866년 말 뛰어난 정치력을 지닌 도쿠가와 요시노부가 취임한 이후로는 쇼군의 리더십이 존재하지 않았느냐고. 탁월한 정치가였던 그가 쇼군이 되었으므로 당장 막부와 막부의 주요 지지 기반인 후다이다이묘(譜代大名: 후다이번의 다이묘)와 하타모토를 장악했을 것으로 흔히 생각하나, 실상은 그렇지 못했다.

1866년 말 영명하다고 소문난 요시노부가 쇼군으로 즉위했을 때 막부는 이에요시 이래로 13년 만에 정치적으로 유능한 쇼군을 갖게 되었다. 탁월한 정치가였던 요시노부의 리더십 하에 로주를 비롯한 후다이다이묘, 하타모토가 결집했다면 막부는 아마도 19세기 말까지

도쿠가와 요시노부(1837~1913)

도쿠가와 막부 마지막 쇼군. 개인적인 능력은 뛰어났으나
미토 번 출신인 관계로 막부 내의 정치적 기반은 취약했다.
막부의 서구화 개혁을 추진하고 사쓰마, 조슈와의 전면적인
내전을 회피한 점은 평가받을 만하다.

는 존속했을지도 모른다. 그러나 요시노부는 그들을 끝내 장악할 수 없었다. 그 이유는 무엇인가. 역설적으로 쇼군이 요시노부, 바로 그 사람이었기 때문이었다.

요시노부는 바로 막부의 핵심 인물들이 그렇게도 배척했던 미토 번주 도쿠가와 나리아키의 일곱째 아들이었다. 나리아키는 1829년 미토 번주에 취임한 이래로 막부를 과격하게 비판해 왔다. 막부가 서양의 위협에 안이하게 대처한다며 강력한 국방 정책을 집요하게 주장했고, 그 경비 조달을 위해 후궁인 오오쿠(大奧)의 경비를 대폭 삭감할 것을 주장했다. 이 때문에 오오쿠는 반(反)나리아키파의 거점이 되었다.

고산케(御三家)인 나리아키가 후다이다이묘 이외에는 정치에 간여하지 않는다는 막부의 관례를 무시하고 막부의 각종 정책, 인사에까지 거리낌 없이 발언하자, 막부 내에서는 그를 미치광이 취급하기도 했고, 혹자는 그가 종가를 탈취하여 스스로 쇼군이 되려는 야심이 있다고 의심하기도 했다. 우려가 현실이 되어 나타난 것이 1858년의 쇼군 후계 문제였다. 당시 쇼군이었던 이에사다는 아직 자식이 없는데, 그는 당시 30세였고 또 정실을 들인 지 2년도 채 안 된 시점이었기 때문에 반드시 세자를 세울 필요가 있던 것은 아니었다. 그러나 일군의 다이묘들(히토쓰바시파(一橋派))은 개국을 단행한 이 혼란스러운 시기에 세자가 없는 것은 불안하다는 점, 또 공공연하게 표현하지는 않았지만 이에사다가 이 난국을 헤쳐 나가기에는 너무 범용한 인물이라는 점을 들어 세자를 요시노부로 정하려는 공작을 펼쳤다. 당시 요시노부는 고산쿄(御三卿)인 히토쓰바시 가문에 양자로 들어가 그 가문의 당주(當主)로 있었기 때문에 쇼군에게 후사가 없을 때에는 고산쿄가 먼저 후보가 된다는 막부의 방침에도 맞는 것이었다. 또 당시 21세로 정사를 돌 볼 수 있는 나이였고, 문무를 겸비하여 총명하기로 소문이 나 있던 인물이었다.

그러나 막부 내 핵심 세력은 이 모든 것을 나리아키의 음모로 이해했다. 나리아키가 자신의 친아들을 세자로 임명한 후 쇼군 이에사다의 섭정으로 만들어, 실질적으로는 자신이 막정(幕政)을 좌지우지하려고 한다는 것이다. 조금 뒤에 등장하는 조선의 대원군을 연상해 보면 상황이 쉽게 이해될 것이다. 특히 반대가 심했던 것은 오오쿠, 그리고 후다이번 세력의 핵심인 다마리노마(溜間)[2]의 다이묘들이었다. 오오쿠가 반대한 것은 나리아키가 줄곧 오오쿠의 사치를 공격하며 이에 드는 경비를 깎으려고 했기 때문이었고, 다마리노마의 후다이다이묘들은 나리아키가 집권하면 신번과 도자마번의 다이묘들이 자신들을 막정에서 밀어낼 것으로 우려했던 것이다. 어쨌든 나리아키에 대한 이들의 거부감은 매우 컸다.

나리아키에 대한 거부감은 자연히 그 아들인 요시노부에게로 이어졌다. 1862년 사쓰마 번이 막부 개혁을 촉구하면서 요시노부를 쇼군후견직(將軍後見職)으로, 마쓰다이라 요시나가(松平慶永)를 정사총재직(政事總裁職)으로 임명할 것을 요구했을 때, 막부는 전자에 대해 특히 난색을 표했다. 그러나 그 후 요시노부의 정치적 비중은 점점 커져 갔다. 특히 그는 고메이 천황(孝明天皇)의 신임을 얻는 데 성공하여, 1864년 섭해방위수어총독(攝海防衛守禦總督)에 임명되어 천황과 교토 일대를 방어하는 총사령관이 되는 정치적 성공을 거둔다. 이후로 그는 교토에 줄곧 머물렀으며, 도바·후시미 전투의 발발로 돌아올 때까지 에도 땅을 밟지 않았다. 교토에서 요시노부는 천황의 지원 하에 교토 주둔 막부군 사령관인 아이즈(會津), 구와나(桑名)의 번주들과 연합하여 교토에 또 하나의 정권을 형성했다. 이 잇카이소(一會桑) 정권은 에도에 엄존하고 있던 막부와 대립하였는데, 이때도 막부 세력은 나리아키의 아들 요시노부가 막부 대신 조정의 이해를 대변한다고 의심했다.

그런 요시노부가 1866년 말 마침내 쇼군에 취임하게 된 것이다. 조슈 정벌전 도중 오사카 성에 있던 쇼군 이에모치가 급사했고, 전쟁에서도 막부군은 참패했다. 막부의 존망이 위태로워진 판국에 더 이상 요시노부가 쇼군이 되는 것을 막을 명분은 없었다. 그러나 요시노부는 취임 후 한 번도 에도를 방문하지 않았다. 당연히 요시노부와 에도의 막부 세력과의 거리감은 좀처럼 좁혀지지 않았다. 1867년 말 요시노부의 대정봉환도 이들과의 협의 없이 단행되었다. 역시 나리아키의 아들이 막부를 팔아먹었다고 생각할 만도 했던 것이다. 즉, 일반적인 인상과는 달리, 요시노부는 개인적으로는 뛰어난 정치 능력을 갖고 있었지만 정작 막부의 핵심 세력들인 유력 후다이다이묘와 광범한 하타모토, 고케닌 층에는 거의 지지 기반이 없었던 것이다.

쇼군가와 미토 번의 대결

한편, 미토 번과 쇼군가의 혈통 문제도 중요했다. 막부의 창시자 도쿠가와 이에야스는 도쿠가와씨 종가를 보위하기 위해 아들 중세 명에게 각자 가문을 창시토록 했다. 그것이 오와리 번, 기이 번, 미토 번, 즉 고산케(御三家)이다. 앞에서 언급한 대로 이들의 임무는 일단 유사시에 종가의 쇼군을 보위하는 것뿐 아니라 종가의 후계가 단절되었을 때 대를 이을 양자를 내는 것이었다. 그 첫 사례가 유명한 8대 쇼군 도쿠가와 요시무네(德川吉宗)였다. 그는 기이 번주로 선정을 펼치다가 쇼군 이에쓰구(家繼)의 후사가 없자 종가로 들어와 쇼군이 되었다. 그는 다시 자신의 자손들로 하여금 세 가문을 창시케 해 고산쿄(御三卿), 즉 다야스가, 히토쓰바시가, 시미즈가(시미즈가는 요시무네 다음 대에 창설)를 만들었다. 그 후 10대 쇼군 이에하루(家治)의 세자가 급사하자 1781년 히토쓰바시가에서 양자를 들였는데, 그가 바로 그 후 50년 가까이 쇼군과 오고쇼(大御所: 은퇴한 쇼군) 자리에 있으면서 절대적인 권위를 누린 도쿠가와 이에나리(德川家齊)이다.

이에나리는 50명이 넘는 자식을 낳았는데 그중 절반 정도가 죽지 않고 성인이 되었다. 이 중 많은 아들들은 다른 가문에 양자로 들어가 고산케, 고산쿄뿐 아니라 적지 않은 유력 도자마번의 다이묘가 되었다. 쇼군의 아들이 자기 번의 다이묘가 될 경우 막부로부터 매년 상당한 액수의 보조금이 하사될 뿐 아니라 정치적으로도 많은 이득이 있었기 때문에, 각 번의 가문들은 앞다퉈 그들을 양자를 들이려고 했다. 그러나 미토 번은 예외였다. 미토 번의 수뇌부도 1829년 번주 도쿠가와 나리노부가 위독해지자 당시 고산쿄 중의 하나인 시미즈가에서 양자를 들여 후계로 삼으려 했으나, 개혁파가 강력히 반발하여 무산되었다. 결국 나리노부의 이복동생이 번주가 되었다. 이 사람이 바

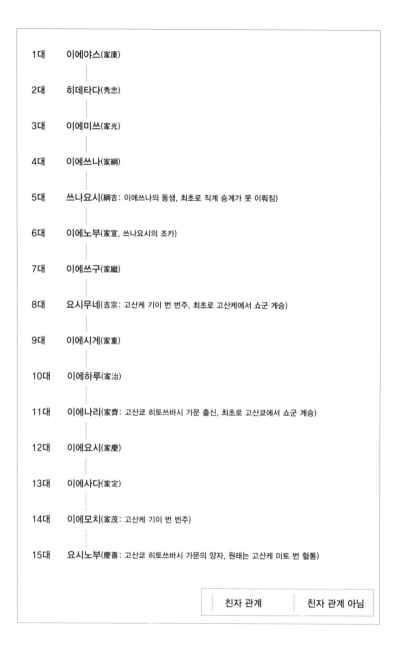

1대   이에야스(家康)

2대   히데타다(秀忠)

3대   이에미쓰(家光)

4대   이에쓰나(家綱)

5대   쓰나요시(綱吉: 이에쓰나의 동생, 최초로 직계 승계가 못 이뤄짐)

6대   이에노부(家宣, 쓰나요시의 조카)

7대   이에쓰구(家繼)

8대   요시무네(吉宗: 고산케 기이 번 번주, 최초로 고산케에서 쇼군 계승)

9대   이에시게(家重)

10대   이에하루(家治)

11대   이에나리(家齊: 고산쿄 히토쓰바시 가문 출신, 최초로 고산쿄에서 쇼군 계승)

12대   이에요시(家慶)

13대   이에사다(家定)

14대   이에모치(家茂: 고산케 기이 번 번주)

15대   요시노부(慶喜: 고산쿄 히토쓰바시 가문의 양자, 원래는 고산케 미토 번 혈통)

┃ 친자 관계   ┊ 친자 관계 아님

도쿠가와 막부 쇼군 계승도

로 나리아키이다.

　반면에 같은 고산케인 오와리 번과 기이 번은 일부 가신들의 강한 반대에도 쇼군 이에나리의 아들들이 양자로 들어가 번주가 되었다. 이때 기이 번에 들어간 것이 이에나리의 일곱째 아들 나리유키(齊順)인데, 그의 아들이 바로 1858년 요시노부를 밀어내고 쇼군에 취임한 요시토미(14대 쇼군 이에모치)이다.

　이처럼 이에나리의 자손들이 고산케, 고산쿄를 비롯한 많은 번들의 양자로 들어가 번주가 되는 상황에서, 미토 번만은 막부 초기 이래의 혈통, 즉 미토 번의 창시자 도쿠가와 요리후사(德川賴房: 도쿠가와 이에야스의 열한 번째 아들)의 혈통을 잇고 있다는 사실은 미토 번 사람들에게 큰 자부심을 주었다. 그러나 막부 측에서 본다면 미토는 같은 집안이기는 하나 그중에서는 혈통적으로 가장 먼 가문이었다. 즉 이에나리의 후손이 아닌 가문인 것이었다. 따라서 다른 곳이라면 몰라도 미토 번 사람이 종가를 잇는다는 것은 막부 측에서 본다면 방계 중의 방계가 종가를 잇는 것으로, 받아들이기 힘든 일이었다.

　이처럼 막부 종가와 미토 번 사이에는 나리아키라는 강력한 개성을 가진 인물이 불러온 문제, 그리고 혈통상 거리가 멀다는 점 등이 대립의 불씨가 되었다.

'내부 균열자' 미토 번의 존재

　정권의 바깥에서 구체제에 도전한다는 것은 생각만큼 쉬운 일이 아니다. 구체제는 폭력뿐 아니라 이데올로기의 정통성까지 장악하고 있기 때문에 그에 대한 도전은 곧 '반역'으로 낙인찍히기 쉽고, 곧장 폭력으로 진압당하기 마련이다. 하지만 지배 체제 내에서 균열자, 이탈자가 발생한다면 이들은 직접적인 탄압을 피하면서 지배 체제를 동요시키기 쉽다. 특히 정권 세력과 가까운 핵심 지배층의 이탈은 더욱 치명적이다. 핵심 지배층의 이탈과 도전은 정권 측의 단결을 동요시키는 측면에서도 효과가 크지만, 더욱 중요한 것은 반체제 세력의 도전에 중요한 계기를 준다는 점이다.

특히 핵심 지배층이 단순한 이탈에 머물지 않고 반체제 세력의 개혁 요구를 대변할 경우, 반체제 세력은 이탈한 핵심 지배층의 뒤에 숨어 도전의 정당성을 확보하기 쉬워지고, 탄압을 규탄하거나 회피하기도 쉬워진다. 때문에 역사상 핵심 지배층의 이탈과 개혁 요구는 때로는 지배층 바깥의 혁명 세력보다도 더욱 중요한 변혁의 계기를 만들어 내곤 한다. 막말의 정치 과정은 실로 그 전형적인 예라고 할 수 있으며, 그 이탈한 핵심 지배층이 바로 미토 번이었다.

이미 설명한 대로 미토 번은 쇼군 가문과 가장 가까운 세 집안인 고산케 중 하나이다. 고산케는 도쿠가와 이에야스 직계 자손들의 번이라는 점 때문에 여타 번들을 압도하는 권위를 가지고 있었다. 미토 번은 비록 고산케 중 서열은 세 번째였으나 지리적으로 에도에 가까웠기 때문에 미토 번의 번주는 쇼군을 보위한다는 의미에서 참근교대(参勤交代)를 하지 않고 항상 에도에 머물러 있는 것이 관례였다. 이 때문에 미토 사람들은 자기 번주를 '천하의 부쇼군(副將軍)'이라고 여기며 남다른 자부심을 갖게 되었고, 번주가 에도에 상주하기 때문에 자연히 막정(幕政)에도 깊은 관심을 가지고 관여하게 되었다. 이처럼 미토 번은 그야말로 도쿠가와 체제의 핵심 중의 핵심이라고 할 위치에 있었고, 가장 앞장서서 쇼군가를 보위해야 할 번이었다.

그러나 미토 번은 이미 1830년대부터 막부와 불편한 관계로 접어들었다. 미토 번의 새로운 번주인 도쿠가와 나리아키가 막부에 상서를 하는 등 정치 개입을 시도했기 때문이다. 그 관계는 1844년 막부가 나리아키를 은퇴시켜 번주의 자리에서 쫓아냈을 때 결정적으로 악화되었다. 그리고 마침내 1858년 쇼군 후계 문제를 둘러싸고 벌어진 분쟁으로 막부가 나리아키를 재차 처벌하고, 이에 반발하여 미토 번이 무오의 밀칙(戊午의 密勅)을 받는 사태까지 벌어져, 둘은 돌아올 수 없는 강을 건너고 말았다. 그리고 그 결과는 고산케 미토 번의 가신들이 막부 다이로(大老) 이이 나오스케(井伊直弼)를 백주대낮에 암살한 전대미문의 사건, '사쿠라다몬 밖의 변(櫻田門外의 變, 1860)'이었다.

미토 번이 막부에 도전한 이유는 무엇일까. 우선 꼽을 수 있는 것은 도쿠가와 나리아키의 야심이다. 그는 에도 시대를 통틀어 가장 정치적 야심이 큰 다이묘였을 것이다. 고산케는 쇼군 승계 문제 등 비상시가 아니면 정치에 간여하지 않는 것이 관례였다. 그러나 나리아키는 스스로를 '천하의 부쇼군'으로 자임하며 막부 정치에 불만을 쏟아냈다. 또한 미토 번이 존왕양이론(尊王攘夷論)의 메카가 된 것도 중요했다. 일찍이 유학 등 학문이 발달했던 미토 번은 천황의 관점에서 역사를 기록한 『대일본사(大日本史)』를 편찬하는 등 존왕(尊王)의 풍조가 강했다. 19세기 들어 내우외환이 심각해지자, 천황을 일본이라는 국가의 핵심에 위치시키고 그 존재를 신성시하는 국체(國體)라는 관념을 만들어 내었는데(미토학(水戶學)), 이는 이후 대일본 제국에까지 강력한 영향을 미치게 된다.

물론 미토학의 이데올로그들은 막부가 정권을 계속 맡아야 한다는 데에는 이론이 없었고, 존왕이 오히려 막부 정권의 안정을 도와줄 것이라고 주장했다. 물론 그런 점도 있었다. 그러나 18세기 중반 이후 확산되어 이제는 피할 수 없게 된 질문, 즉 '누가 이 나라의 최종적 주권자인가? 교토에 있는 나약하나 신비스러워 보이는 금리(禁裏: 당시에는 천황을 이렇게 부르는 것이 일반적이었다.)는 누구이고, 에도에서 천하를 호령하는 공의(公儀: 막부의 당시 호칭)는 또 누구인가? 그 둘의 관계는 도대체 어떤 것인가?'라는 물음에 대해 미토학은 명확한 답을 내놓은 것이다. 천지가 뒤바뀌어도 어디까지나 천황은 군(君)이고 쇼군은 신(臣)이라고, 쇼군의 권력은 천황에게서 위임받은 것이라고.

막부가 이런 존왕론을 통해 천황의 권위를 자신의 권력을 공고히 하는 데 잘 활용한다면 크게 나쁠 것도 없을 것이다. 그러나 이것은 막부의 반대 세력에게도 강력한 무기가 될 수 있었다. 천황과 쇼군을 군신 관계로 못 박은 이상, 쇼군 권력의 원천이 천황이라고 천명한 이상, 천황에 대한 쇼군의 '불충(不忠)'을 잡아내어 공격할 수 있는 상황만 되면 쇼군 권력은 크게 동요할 수밖에 없었다. 고산케 미토 번은 의도치 않게 그 선구적 역할을 하였던 것이다.

고산케 중 하나가 체제를 비판했다는 점도 중요하지만, 그보다 더 중요한 것은 그것이 단순한 체제 균열에 그치지 않고, 정권 바깥 비판자들의 목소리를 수용하고 리드하였다는 점이다. 이렇게 되자 감히 막부를 비판할 수 없었던 세력이 미토 번을 앞세워 막부를 비판하기 시작할 수 있게 되었다. 이처럼 막말 정국에서 막부의 동요와 해체에 미토 번의 이탈과 도전은 중요한 계기를 제공했다.

로주 권력의 한계와 약체화

막부의 권력 구조에서 쇼군의 위치는 조선 국왕이나 청의 황제와는 달랐다. 조선이나 청의 경우 군주가 만기친람(萬機親覽), 즉 직접 신하와 국사를 논의하여 정책 결정 과정에 참여하거나 상서를 읽고 각계의 의견을 들어야 하는 것이 의무처럼 여겨졌다. 물론 실제로는 정치와는 담을 쌓은 군주들도 많았으나 적어도 명분상으로는 만기친람이 정당한 것이었다. 그러나 쇼군은 원래 군사적 패자(霸者)이기에 만기친람하는 군주라는 이미지는 강하지 않았다. 물론 에도 시대 전반기에는 정치에 열의를 보인 쇼군이 적지 않게 있었으나, 적어도 18세기 후반 이후로는 쇼군이 일상적인 정무에 간여하게 되는 일은 점점 드물어졌다.

이런 상황이었기 때문에 정사는 주로 로주나 때때로 쇼군의 총애를 얻어 실권자가 된 소바요닌(側用人)과 같은 쇼군 측근을 중심으로 이뤄졌다. 그중에서도 정부 기관의 정식 수반이라고 할 수 있는 로주는 중요한 존재였다. 특히 비록 정무에 간여하지는 않지만 강력한 쇼군이 건재한 시기보다 쇼군이 어리거나 무능력한 경우 로주의 권한은 더욱 강해졌고, 더 중요해졌다. 앞에서 언급한 대로 13년간 무능한 쇼군이 연이어 권좌에 있었던 막말기에는 특히 그러했다. 그렇다면 이 시기 로주 권력은 어떠한 상태였는가.

로주에는 후다이번 중에서도 중급 규모 번의 다이묘가 임명되는 것이 관례였다. 아무리 쇼군의 후광을 업고 있다고는 해도 5∼10만 석 규모의 번 출신 로주들이 수십만 석에서 100만 석 규모 번의 도자마다이묘(外樣大名: 도자마번의 다이묘)들, 그리고 수십만 석 규모의 번을 다스리는 신번다이묘(親藩大名: 신번의 다이묘)들을 상대로 전국적인 리더십을 발휘하는 것은 한계가 있었을 것이다.

또 로주들의 격도 그 실권에 비해 그다지 높지 않았다. 로주들의 관위는 대체로 종4위로 고산케는 물론 수십만 석 규모를 가진 큰 번의 번주들에 비해서도 낮았다. 히코네 번(彦根藩)은 후다이다이묘의 최고 가문(35만 석 규모)으로 그 번주가 막부 역인으로 임명될 때는 로주가 아닌 그보다 상급의 다이로로 특별 임명될 정도로 권위가 있었다. 그러나 1858년 안세이 대옥(安政大獄)으로 천하를 벌벌 떨게 했던 이이 나오스케(히코네 번의 15대 번주이자 막부의 다이로)조차도 그에 항의하러 온 미토 번주 도쿠가와 나리아키와 대면했을 때는 다다미에 엎드려 예를 표하지 않을 수 없었다. 또 신번인 에치젠 번(越前藩)의 번주 마쓰다이라 요시나가(松平慶永)는 1862년 막부의 대개혁 때 다이로로 취임해 달라는 각계의 요청에 다이로는 자기에게는 격이 낮은 자리라 받아들일 수 없다며 새로이 '정사총재직(政事總裁職)'이라는 직을 신설하여 취임하였다.

이 같은 현상은 애초에 로주라는 직책이 쇼군 도쿠가와씨의

도쿠가와 막부는 왜 패했는가

가문 운영[家政]을 담당하는 것으로부터 출발한 데서 비롯된 것이다. 청의 대신이나 조선의 삼의정(三議政)이 집권 가문을 돌보는 직책이라는 인식은 없었을 것이다. 이들은 군주를 도와 천하 대사를 담당하는 것을 자부했을 것이다. 이에 비해 로주는 도쿠가와씨의 가신, 따라서 그 가문의 경영을 챙기는 집사라는 인식이 한편에 있었다. 이 때문에 이들은 고산케나 신번은 물론이고 도자마번의 다이묘에 대해서도 우월적인 권위를 갖기는 어려웠다. 이들의 힘과 권위는 그 원천인 쇼군이 정치적으로 건재할 때만 관철될 수 있었다.

게다가 로주들은 다이묘로서 결정적인 결점을 갖고 있었다.[3] 이들은 로주가 되면 권력을 이용하여 오지에 있는 자기 영지와 경제성이 좋은 요지를 바꾸는 등의 방법으로 경제적 이득을 취했다. 이 때문에 요지인 간토(關東)와 기나이(畿內) 지역은 이들 유력 후다이번들의 영지가 마구 뒤섞여 있었다. 이것은 막부의 권력 기반과 관련하여 중요한 의미를 가졌다. 즉 막부의 기둥이어야 할 로주를 배출하는 유력 후다이번들이 자기 영지를 일원적으로 지배하지 못하고, 자기 영지 내에 다른 번이나 막부의 영지를 갖고 있었으며, 자기 영지가 여기저기에 분산되어 있었다는 점이다. 다시 말하면 로주를 배출하는 유력 후다이번들은 한 번[一藩]의 주인, 즉 번주라기보다는 전국에 흩어져 있는 노른자위 땅에서 나오는 조세를 수취하는 존재였던 것이다. 이에 비해 사쓰마나 조슈 번을 비롯해서 막말기에 정치적으로 대두하는 대부분의 번들은 짧게는 250년에서 길게는 500년 동안 동일한 지역을 지배해 왔기 때문에, 번의 통합성이나 지배 강도 면에서 거의 독립국가적인 형태를 띠고 있었다. 이처럼 도자마번이나 신번이 규모가 컸을 뿐 아니라 자기 영지를 강력하게 일원적으로 지배했던 것과 비교하면, 로주들의 군사적·정치적 기반이 얼마나 취약했는가를 알 수 있다.

이 같은 상황이었기 때문에 정치적으로 중요한 간토나 기나이 지역은 수많은 다이묘의 영지가 얽혀 있는 모자이크 같은 상황이 되었다. 이런 상황에서는 유사시에 이 지역들을 일률적으로 통제할 수 없을 것이었다. 이를 우려하여 막부 측 개혁가들은 이 지역에 있는 후다이다이묘들의 소유지를 막부가 회수하여 일률적인 지배 체제를 수립하자고 주장했고, 그 대표적인 사람이 덴포 개혁(天保改革) 때의 로주 미즈노 다다쿠니(水野忠邦)이다. 그러나 이 계획은 당연히 이 지역에 커다란 이해관계를 갖고 있는 유력 후다이다이묘들의 반발로 좌절되었다.

이처럼 막부 권력의 핵심인 로주는 중소 규모의 번 출신이었다는 점, 그조차도 전봉(轉封: 영지를 옮김)을 자주 했기 때문에 번 내부의 일체감이 적었다는 점, 번을 일원적으로 지배할 수 없었기에 자기 번의 힘으로 막부를 방위하기에는 역부족이었다는 점 등의 문제점을 안고 있었다. 이런 상황이었기 때문에 도자마번이나 신번에서 번정 개혁(藩政改革)이 전국적으로 행해질 때도 후다이번들은 제대로 된 개혁을 행하기 어려웠다. 또 이들은 탁월한 로비 능력으로 막부의 재정 원조를 받아내 재정 문제를 해결할 수 있었기에, 리스크가 많은 번정 개혁을 시도하지 않아 번 자체는 더욱 약체화되었다.

이런 상황에다 막말에는 더 나쁜 사정이 더해졌다. 전통적으로 로주는 간토(關東)나 도카이(東海) 지역의 후다이번에서 배출되었으나, 막말기가 되면 로주의 출신 번이 급속히 다양해져 호쿠리쿠(北陸), 도잔(東山), 주고쿠(中國), 시코쿠(四國), 규슈(九州), 심지어는 에조(蝦夷), 도호쿠(東北)까지 확산되었다. 명문이 아닌 가문 출신이 대거 들어온 것이다. 특히 1862년 구제(久世)·안도(安藤) 로주 정권이 무너진 후에는 그동안 막부의 기둥이었던 간토 지역의 번들은 막정(幕政)의 중추에서 배제되었고, 도카이 지역의 번들도 영향력을 급속히 잃어 갔다.

게다가 중급 규모보다 더 작은 소다이묘(小大名)가 로주가 되는 일이 많아졌고, 급기야 전(前) 번주의 세자가 로주에 취임하는 일도 생겼다. 그만큼 로주가 되는 인물의 위신이 낮아졌다는 얘기다. 이래서는 막부 외부에 대한 정치적 위신을 세우기는커녕 막부 휘하의 하타모토에 대한 통제도 제대로 행사할 수 없었다. 즉 막말기 로주 권력은 도쿠가와 막부 창설 이래 가장 약체화되었던 것이다.

막부보다는 일본!
가쓰 가이슈의
결단

앞에서, 역사의 고비에서는 변혁 세력의 역할도 물론 중요하지만 앙시앵 레짐, 즉 구체제의 어떤 인물이 순간순간 어떤 선택을 하느냐가 매우 큰 영향을 미친다는 이야기를 했다. 그런 관점에서 볼 때 앙시앵 레짐인 막부의 특이한 해체는 가쓰 가이슈(勝海舟, 1823~1899)란 인물을 빼놓고 이야기할 수 없다. 그는 최근 한국 독자에게 널리 알려진 사카모토 료마(坂本龍馬)의 스승이다.

그는 원래 하타모토 중에서도 최말단 집안 출신이었고 장남도 아니었다. 그러나 일찍이 학업과 무술 연마에 몰두하여, 그중에서도 특히 난학, 양학에 실력을 쌓았다. 태평성대 같았으면 결코 고위직에 진출할 수 없는 신분이었지만, 앞서 설명한 막부의 개혁 추진 과정에서 발탁되어 출세에 출세를 거듭하였다. 예리하면서도 지적인 외모에서 뿜어져 나오는 화려한 언변과 지식, 그리고 신분 차이 같은 것에 구애되지 않는 대담한 행동 등으로, 가이슈는 적도 많이 만들었지만 일약 막부 내외의 주목을 받는 인물이 되었다.[4]

그런 그가 올인한 것이 해군 건설이었다. 이 책에서 언급한 대로 도쿠가와 막부 체제는 해군력이 전무했다. 당시 막부의 고위 역인들은 해군보다는 해안 포대 건설에 열중하고 있었다. 그는 이를 맹비난하면서 서양 열강의 함선을 제어하기 위한 해군 건설을 호소했다. 그러자 막부 고위 역인들은 해군을 건설하되 그 모든 관할권을 막부만이 가져야 한다고 주장했다. 이에 대해 가이슈는 전국의 다이묘들이 참여하는 해군 건설을 주장했다. 그는 "여러 번과 사무라이, 민중을 막론하고 인재를 모아 그 능력에 맞게 장교 또는 병사로 삼는다. 문벌의 폐단을 없애고 지식을 기준으로 모집하여 황국(일본)이 흥할 수 있는 일대 해군을 만들자."라고 제안했다. 이에 따라 그는 1864년 당시만 해도 한적한 어촌에 불과했던 고베(神戶)에 해군 조련소를 만들어 각 번의 유능한 젊은이들을 교육시켰다. 이 중에는 유명한 사카모토 료마도 있었다. 그는 이들에게 가깝게는 나가사키, 멀게는 조선, 상하이, 광둥까지 항해 연습을 시킬 생각이었다. 일본 해군은 여기서부터 시작되었던 것이다.

해군에 대한 이런 관점은 자연히 새로운 정치 체제 구상과 관련이 있었다. 전국을 수시로 왕래할 수 있는 해군이 있는 이상 각 번의 할거 체제는 더 이상 유지되기 어려웠기 때문이다. 그는 더 이상 막부 독재 체제는 바람직하지 않다고 판단하고 우선은 조정을 중심으로 막부와 유력한 번들이 회의체를 구성하여 정치를 하는 방식을 지향했다. 이는 1860년대 들어 막부 온건파에서 세를 넓혀 가던 노선이었다. 물론 이런 주장 때문에 그는 많은 막부 역인들에게 비난의 대상이 되었다. 이 무렵 사이고 다카모리(西鄕隆盛)[5]는 가이슈를 만나 천하대세에 대해 이야기를 나눴는데, "가쓰 씨를 처음으로 만났는데 실로 놀라운 인물이었다. 애초에는 때려잡을 생각으로 갔는데(사쓰마의 적인 막부 역인이므로 □ 필자), 그만 머리를 숙이고 말았다. 도대체 얼마나 큰 지략을 갖고 있는지를 모르겠다. 영웅 냄새가 나는 사람이다."라고 한눈에 반해 버리고 말았다.

그런데 재미있는 것은 왕정복고 쿠데타 이후 이 두 사람의 운명이다. 쿠데타의 주역 사이고 다카모리는 막부 토벌군의 선봉장이 되었다. 한편 막부는 사쓰마, 조슈 번과의 협상을 위해 그들과도 친분이 있는 가쓰 가이슈에게 실권을 넘겼다. 그가 맡은 자리는 육군 총재였지만 그는 주전파의 반대를 무릅쓰고 전쟁을 피하는 데 총력을 기울였다. 특히 신정부 측에 서 있던 영국 측에 일찌감치 손을 썼다. 마침내 막부 토벌군이 에도를 총공격하기로 한 1869년 3월 15일을 앞두고 3월 13일, 14일 이틀에 걸쳐 양측의 최후 담판이 에도 사쓰마 번저에서 열렸다. 이때 양쪽 대표가 바로 가쓰 가이슈와 사이고 다카모리였다. 두 영웅은 쇼군 요시노부의 생명 보전, 일정 정도의 석고 유지 등 중요 조건에 합의했고, 총공격은 하루 전에 중지되었다. 당시 에도 인구가 100만 명 정도였던 점, 막부 저항군의 병력이 만만치 않았던 점, 양측의 배후에는 영국과 프랑스가 각각 버티고 있었던 점 등을 감안하면, 만약 전투가 벌어졌다면 대량의 인명 피해와 에도의 시설 파괴 등을 피할 수 없었을 것이다. 또 경우에 따라서는 영국, 프랑스 양국의 개입도 있었을지 모른다. 가쓰 가이슈의 정치적 판단과 행동력은 도쿠가 막부에게는 어땠는지 몰라도, 적어도 일본에게는 큰 행운을 가져다주었던 것이다.

4장

유학의 확산과
'사대부적
정치 문화'의
형성[1]

일반적으로 메이지 유신을 서구화의 성공이라고 말한다. 맞는 말이다. 19세기 후반 일본인들은 서양 열강의 국가 모델을 재빨리 받아들여 비서구 국가 중 최초로 서구화에 성공했다. 그러나 사람들이 잘 주목하지 않는, 좀 당혹스러운 사실이 있다. 19세기는 일본 역사상 유학[2](그중에서도 주자학)이 가장 번성한 시대이기도 했다는 점이다.

좀 이상하지 않은가? 일본은 조선, 중국과 함께 유학을 받아들이긴 했지만 일찌감치 이것을 포기했기 때문에 서구화에 성공할 수 있었던 게 아닌가? 이것이 독자들의 상식일 것이다. 그러나 사실은 정반대이다. 일본에서는 유학의 전성기에 서구화가 이루어졌다. 유학의 확산이 먼저 도쿠가와 체제를 동요시키고 이어서 서구화가 일본 사회를 강타한 것이다. 서구화의 물결 속에서 유학은 서구화를 안내하기도 하고 그것에 저항하기도 하면서 결국 '자살'했고,[3] 그 영향력은 러일전쟁 무렵부터 급속히 쇠퇴해 갔지만, 메이지 시대에도 그 후에도 일본 사회에 많은 흔적을 남겼다. 이 글은 메이지 유신을 서구화의 관점에서만 보는 것이 아니라, 그에 앞서 진행되었던 유학화라는 요소를 중시하여 보고자 한다.

그런데 전근대 일본은 원래 유학화되어 있지 않았었나? 유학

유학의 확산과
'사대부적 정치 문화'의 형성

화라는 것이 무슨 특별한 역사적 의미를 갖는단 말인가? 하고 의아해 할 독자들이 많을 것이다. 이것은 도쿠가와 사회의 유학을 크게 오해하고 있기 때문이다. 흔히 도쿠가와 막부는 초기부터 유학(특히 주자학)을 지배 이데올로기로 삼았다고 생각한다. 이것은 틀린 말이다. 그 이전의 다른 무사 정권에 비해 도쿠가와 정권이 유학을 상대적으로 중시한 것은 사실이나, 예를 들어 불교에 비하면 그 중요도는 턱없이 낮았다. 유학이, 또는 유학자가 정치, 사회, 하물며 사람들의 일상생활 분야에서 갖는 영향력은 매우 미미했다. 이는 당시의 일본 유학자들이 중국이나 조선 사회를 부러워하며 자신의 처지를 비관하고 있었던 데서 쉽게 알 수 있다. 조선 통신사에 대한 일본 유학자들의 열광도 여기서 비롯된 것이다.

전국시대 내내 벌어진 전쟁은 끝났지만 도쿠가와 체제는 여전히 병영국가적인 요소를 유지하고 있었다. 전국시대의 살벌한 분위기는 17세기 후반경에는 거의 사라졌지만, 사무라이들은 여전히 군대 조직으로 편성되어 있었고, 칼 차는 관습도 지속되었다. 그들은 여전히 무(武)를 최고의 가치로 여겼고 문(文)은 좀처럼 존중의 대상이 되지 못했다. 1750년경까지 공립학교를 세운 번은 손가락에 꼽을 정도였고, 일반 사무라이들[4] 중 유학 경전이나 역사서를 읽을 줄 아는 자들은 극소수였다.

전쟁이 없었기에 그들이 전쟁터에 나갈 기회는 거의 없었다. 대신 그들은 군대 조직의 원리 위에 편성·분배된 가업을 이어받아 자잘한 업무를 수행하는 서리(胥吏) 같은 존재가 되어 갔다. 다시 말하면 도쿠가와 군정(軍政)의 행정 실무 서리였던 것이다. 그들은 정치적으로 발언권이 거의 없었다. 그들이 번정(藩政)의 의사 결정이나 권력투쟁, 하물며 일본 전체의 정치에 간여하는 것은 쉬운 일이 아니었다. 그것은 기본적으로 가격(家格)이 높은 사무라이 가문(군대의 사령관급)의 세습적인 권리였다.

　　이제 독자들은 이런 상태의 사무라이들에게 유학의 확산이 얼마나 낯선 것이었는지 짐작할 수 있을 것이다. 뒤에서 자세히 소개할 것처럼 18세기 후반부터 유학은 급속히 보급되었다. 사무라이들이 학교에 다녔고, 그 학교에서는 주로 유학을 가르쳤다. 무(武)는 여전히 중시되었지만, 문(文)의 중요성이 급속히 증가하며 점점 출세에도 필요해졌다. 학교나 학습회 등에서 사무라이들은 군대 조직과는 다른 새로운 인맥을 만들 수 있었다. 그 공간에서는 무엇보다 학문 능력이 중시되었기 때문에 엄격한 신분 구별도 완화될 수 있었다.

　　무엇보다 중요한 것은 유학 학습이 사무라이들을 정치화했다는 점이다. 그들은 점점 국가 대사, 천하 대사에 관심을 갖고 발언하기 시작했다. 단순한 군인도 서리도 아닌 사(士)가 되어 갔던 것이다.(사무라이의 '사화(士化)') 물론 이들이 무사로서의 정체성을 포기하거나 약화시킨 것은 아니었다. 이들은 여전히 칼을 차고 있었고, 무에 대한 존중도 조금도 흔들리지 않았다.[5] 그러나 이전 시대의 사무라이와는 달리 문(文)과 정치에 몰두하는 '칼 찬 사대부', '독서하는 사무라이'[6]가 등장한 것이다. 이들은 학적(學的) 네트워크에 기반하여 정치조직을 만들고(학당(學黨)), 상서를 이용하여 정치투쟁을 벌였다. 또 자신을 천하

공치(天下共治)의 담당자로 여기고 군주의 친정(親政)을 요구했다. 이런 정치 행동은 중국, 조선 등 동아시아의 사대부들에게서 널리 보이는데, 필자는 이를 '사대부적 정치 문화'라고 명명하였다. 뜻밖에도 이 '사대부적 정치 문화'가 19세기에 무인(武人)의 나라 일본에서 출현하여, 병영국가 도쿠가와 체제를 동요시키기 시작한 것이다. 4, 5장에서는 이런 새로운 관점에 서서 메이지 유신에 이르는 정치 변혁 과정을 재조명해 보고자 한다.

필자가 '사대부적 정치 문화'와 '사화(士化)'라는 개념으로 19세기 일본 정치사를 설명해 보려는 것은 다음과 같은 배경에서이다.[7] 역사학자들은 오랫동안 유럽 근대를 가치 기준으로 전제하고 전근대를 연구해 왔다. 특히 '근세'[8]나 '근세'에서 근대로의 이행기를 연구하는 연구자들에게 이런 연구 태도는 피하기 어려운 것이었다. 유럽 근대의 역사적 경험에서 추출된 이론이나 모델에 어긋나거나 맞지 않는 것은 보편에 어긋나는 특수한 것, 또는 후진적인 것으로 치부되었다. 그리하여 유럽 이외 지역의 역사학자들은 자신들의 역사가 특수한 것이 아니고 보편적일 수 있다는 것, 또는 후진적인 것만은 아니고 선진적인 점도 있다는 점을 '증명'하기 위해 자신의 연구 분야에서 '근대적(유럽적) 요소'를 찾기 위해 정열을 쏟아부었다.

예를 들어 보자. 해방 후 한국사 연구자들은 유럽의 요먼[9]에 해당한다고 보았던 '경영형 부농'이라는 계층을 발굴, 설정하여 자본주의의 자생적 발생 가능성을 변증하려 했다. 유명한 내재적 발전론이다. 이 같은 태도는 중국사 연구의 자본주의 맹아론, 일본사 연구의

'엄격한 의미에서의 매뉴팩처론'도 공유하고 있다고 할 수 있다.

　　사상사 분야에서도 마찬가지이다. 마루야마 마사오(丸山眞男)는 도쿠가와 시대에서 근대적(유럽적) 요소를 찾기 위해 격투한 끝에, 오규 소라이(荻生徂徠)에게서 '사상의 작위(作爲)'라는 근대성을 찾아내고 주자학을 일거에 질서 옹호 사상으로 만들어, 어떤 의미에서는 더 이상의 탐구의 전망을 봉쇄해 버렸다. 한국사에서도 실학 연구가 그토록 성행했던 것은 마루야마의 문제의식과 비슷할 것이다. 중국 사상사에서 양명좌파(陽明左派), 리줘허우(李卓吾) 등이 집중 조명을 받은 것도 마찬가지 이유에서일 것이다.

　　그러나 근대를 '근세' 동아시아가 도달해야 할 역사 단계(목표)로 미리 상정해 놓고, 마치 출구를 앞에 두고 미로를 헤매는 대상을 다루듯 하는 연구 태도는 타당한가? 17세기와 18세기, 심지어는 19세기 동아시아 사회가 근대로 수렴되어야 할 필연성은 과연 존재했을까? 유럽 근대의 도래 이전의 역사를, '근세에서 근대로', 또는 '근대로의 도정(道程)' 등으로 설정하는 것은 역사 연구자들의 프레임일 뿐, 과연 역사적 실태를 반영한 것일까? 유럽 근대가 도래하지 않았다면 동아시아 사회가 어떤 모습으로 전개 되었을는지는 추측하기 어렵다.

　　'근세' 동아시아와 '근세' 유럽은(또 여타 사회는) 나름대로 자기 체제를 발전시켜 나가고 있었다. 그러나 18세기 말경 유럽에서 근대화라는 사상 유례없는 역사의 비약이 발생했다. 그것은 폭력, 재력, 매력이라는 면에서 곧 다른 문명들을 압도해 나갔다. 그러나 근대가 이제는 보편적인 길이 되었을지는 몰라도, '근세'의 동아시아인들에게는 그

유학의 확산과
'사대부적 정치 문화'의 형성

것이 자명(自明)한 길은 아니었을 것이다. 따라서 근대 이후의 역사 전개를 보편적인 것, 기준적인 것, 우월한 것으로 상정해 놓고, 근대 이전의 역사에까지 소급 적용하는 것은 문제가 있다. 그러므로 동아시아 '근세사' 연구는 유럽 근대의 역사적 경험에 입각하여 추출된 개념 모델을 가능한 한 필사적으로 억누르면서 수행할 필요가 있다.

　　오해를 피하기 위해 강조해 두고 싶은 것은 필자는 유럽 근대의 성취와 그 획기적 의의를 부정하거나 과소평가하는 입장이 아니라는 점이다. 오히려 필자는 유럽 근대가 그 이전의 어떤 시기보다도 획기적인 변화를 인류사에 가져왔다고 생각한다. 그런 의미에서 최근 동아시아의 '근세'를 '초기 근대', '유교적 근대'라고 하여 유럽 근대와 병렬적으로 놓거나, 19세기 말, 20세기의 촌락, 가족제도 등 '근세적' 요소의 강인한 잔존을 들어 '근세화'가 근대화보다 더 큰 변혁이었다고 지적하는 견해에 필자는 의문을 갖고 있다.[10] 필자는 근대란 어디까지나 유럽에서 특정 시기에 우연적 요소와 유럽인의 치열한 주체적 노력까지를 포함한 여러 요인에 의해 비약적으로 발생한 특수 현상을 가리키는 것으로, 제한적으로 규정하기 때문이다.

　　그러나 근대의 획기적 의의를 인정하는 것과, 근대 이전의 동아시아사를 근대화라는 가치 기준 하에서 연구하는 연구 방법론에 찬성하는 것은 전혀 별개의 것이다. 요컨대 필자는 유럽 근대의 역사적 성취와 획기성을 높게 평가한다는 점에서는 '근대주의자'라는 평가를 감수하겠지만, 전근대 역사에 대한 '근대주의적' 연구 태도는 지양해야 한다고 생각한다.

이상에서 언급한 연구사적 상황에서 '근세' 정치사는 약간 독특한 위치에 있다. '근세' 정치사에서 경제사의 자본주의 맹아, 사상사의 '사상의 작위성'에 해당하는 근대적 요소는 의회주의, 민주주의, 입헌주의 등이 될 텐데, 이것들은 동아시아 정치사와 너무나도 인연이 먼 것이었기에 그 맹아를 찾으려는 노력조차 제대로 행해지지 않았다. 즉 정치사에서는 근대주의적 해석을 할 여지 자체가 다른 분야에 비해 상대적으로 적었다고 할 수 있다. 실제로 조선 붕당정치를 근대 정당정치와 유사한 것으로 보려는 시도나, 중국에서 시민사회의 형성을 검출해 내려는 시도가 부분적으로 행해지기는 했으나, 자본주의 맹아론이나 오규 소라이, 실학이 맹위를 떨치던 시절에도 이 연구들의 영향력은 제한되어 있었다. 그 결과 근대주의적 해석의 폐해는 약한 반면, '근세' 동아시아 정치사를 관통하여 포괄적인 역사상을 제시하는 작업은 가장 뒤처져 있다고 할 수 있다. 즉 정치사 연구는 파편적으로 자기 전공의 연구에만 매몰되어, 특정 시대를 넘어서거나 또는 한 국가를 넘어서면 공통적으로 대화할 수 있는 언어를 찾기 힘든 상황이 가장 현저했다고 할 수 있다.

이런 상황을 극복하기 위해서는 유럽의 근대화 과정에 기반을 둔 설명틀이 아니라 '근세' 동아시아 정치사의 전개 과정에 대한 면밀한 검토 위에 만들어진 설명틀을 바탕으로 '근세' 동아시아 정치사를 포괄적으로 구축할 필요가 있을 것이다. 물론 역사학 자체가 근대적 개념과 언어에 기반을 두고 있는 점을 생각하면 이는 불가능에 가까운 작업일지 모른다. 그러나 그 작업에 작은 실마리라도 제공할 수 있

유학의 확산과
'사대부적 정치 문화'의 형성

을지 모른다는 기대로 '사대부적 정치 문화'와 '사화(士化)'라는 틀로 19세기 일본 정치사를 설명해 본 것이다.

그럼 우선 도쿠가와 시대에 유학이 어떤 상황에 있었고, 18세기 말에 어떤 변화가 찾아왔는지 검토해 보자.

1. 도쿠가와 시대 유학의 위치와 19세기의 확산

성호 이익의 예언

사대부적 정치 문화는 중국의 송나라에서 탄생하여 명나라와 조선에서 크게 꽃피었다. 특히 조선 후기는 그 어느 곳보다도 사대부적 정치 문화가 크게 발달했다. 그러나 북방 유목 민족과 마찬가지로 일본의 사무라이 정권은 좀처럼 이를 받아들이지 않았다. 가마쿠라·무로마치 막부는 물론 도쿠가와 막부의 정치체제도 애초에는 사대부적 정치 문화와 인연이 먼 것이었다. 그런데 18세기 후반부터 변화가 시작되었다. 이를 예민하게 감지한 사람은 사대부적 정치 문화의 한복판에 살고 있던 한 조선 학자였다.

1740년경 조선 실학자 성호 이익(李瀷, 1681~1763)은 통신사로 일본에 다녀온 사람들과 교제하며 일본에 대한 정보와 일본 서적들을 접했다. 그는 당시 일본 사람들이 점점 유학 소양이 늘어나고 있음을 감지하고 의미심장한 예언을 내놓았다.

> 왜황(倭皇: 천황)이 권력을 잃은 지 600~700년밖에 안 된 데다가[11]
> 그게 일본 사람들이 바라는 바가 아니었다. 요즘 조금씩 충의지사
> (忠義之士)가 그 가운데서 나오고 있는데 그 명분이 바르고 말이
> 이치에 닿으니 후에 반드시 영웅이 나올 것이다. 만약 오랑캐[夷
> 人]와 연계하여 왜황을 도와 제후에게 호령한다면 대의를 펴지 못
> 할 것도 없을 것이다. 66주의 태수(太守) 중[12] 어찌 동조하여 호응
> 하는 자가 없겠는가.[13]

유학자 이익의 눈에는 천황과 쇼군이 양립해 있는 도쿠가와 체
제의 상황이 납득이 가질 않았다. 그의 눈에는 천황은 왕이고, 쇼군은
패(覇)로 보였다. 서양 선교사들이 천황을 로마 교황으로, 쇼군을 군주
로 이해했던 것과 마찬가지로 이익도 자신의 잣대로 일본의 정치 상
황을 해석했던 것이다. 동아시아 정치사상에서 도덕적 정통성을 가진
왕은 영원한 것이고, 권세로 패권을 잡은 패자(覇者)는 일시적인 것이
다. 이익은 일본에서도 결국은 왕이 승리할 것으로 보았다. 아니나 다
를까, 통신사들이 전해 온 정보에 따르면 일본인들 가운데서도 조금
씩 왕도를 아는 사람들(충의지사)이 나오고 있다는 것이다. 그렇다면
패자인 쇼군 정권이 무너지고 왕인 천황이 권력을 회복하는 것은 시
간문제라고 이익은 보았던 것이다. 그의 이런 관찰은 100여 년 후 현실
로 나타났다. 충의지사들(존왕론자들)이 천황을 끼고 제후(사쓰마, 조슈

유학의 확산과
'사대부적 정치 문화'의 형성

등 서남 웅번들)의 힘을 이용하여 왕정복고를 성공시킨 것이다.

　실제로 당시 일본의 유학자들은 도쿠가와 체제를 좀 더 유교적 국가 모델에 가까운 것으로 만들려는 시도를 계속했다. 그 대표적인 사람들이 아라이 하쿠세키(新井白石, 1657~1725)와 오규 소라이(荻生徂徠, 1666~1728)이다. 그러나 이들의 시도가 성공하기에는 아직도 일본 사회는 유교와 거리가 멀었다.

　그러나 이들의 실패에도 불구하고 18세기를 살았던 조선의 유학자도, 또 일본의 유학자도 당시 일본은 점점 유교화되어 결국 중국, 조선과 같은 동아시아 국가 모델에 근접하게 될 것으로 예상했고, 그것을 바람직하게 여겼던 것이다. 그리고 그 꿈은 18세기 후반에 들어서면서 좀 더 현실성을 띠어 가는 듯이 보였다. 그것을 살펴보기 전에 먼저 도쿠가와 사회에서 유학이 어떤 위치에 있었는지 알아 두도록 하자.

도쿠가와 사회에서
유학의 낮은 지위

　약 100년간에 걸친 전국시대를 거쳐 17세기 초 도쿠가와 막부가 수립되며 마침내 평화 시대가 찾아왔다. 그러나 평화 시대에도 전국시대의 유풍(遺風)은 강하게 남아 있었다. 사무라이들은 여전히 칼을 차고 다니며 일만 생기면 칼을 빼 드는 살벌한 상황이 지속되었다. 심지어 전국시대 전쟁터에서 유행했던 남색(男色)도, 주군이 죽으면 따라 죽는 순사(殉死)도 사라질 줄 몰랐다. 도쿠가와 막부의 집권자들이 이 평화 시대에 세상을 다스릴 사상으로 유학에 관심을 가진 것은 사실이었다. 도쿠가와 이에야스는 막부 사상 최초로 가신인 하야시(林) 가문에게 유학을 전담토록 하여 지원했고, 5대 쇼군 도쿠가와 쓰나요시(德川綱吉)는 가신들 앞에서 직접 사서오경을 강의하기도 했다. 전국 사무라이들의 총사령관인 쇼군이 사서오경을 강의했다는 것은 분명히 진기한 일이었을 것이다.

17세기의 다이묘들 중에서도 유학을 앞장서 권장한 사람들이 있었다. 도쿠가와 미쓰쿠니(德川光國, 미토 번주), 이케다 미쓰마사(池田光政, 오카야마 번주), 호시나 마사유키(保科正之, 아이즈 번주) 등이 그들이다. 이에 따라 유학 지식인들도 등장하여 저작 활동을 하거나 제자들을 키워 내기도 하였고, 어떤 때는 아라이 하쿠세키, 오규 소라이, 무로 규소(室鳩巢) 등 유학 지식인들이 쇼군의 브레인으로 발탁되어 실권을 행사하기도 하였다. 사무라이 정권인 막부에서 드물기는 했지만 문인들이 실권자가 된 것은 실로 시대의 변화를 실감케 하는 것이었다.

그러나 이런 부분적인 변화에도 불구하고 이 시기 일본에서 유학의 보급과 사회적 지위는 매우 제한적인 것이었다. 일부 탁월한 유학 지식인들이 나왔으나 대다수의 사무라이들은 여전히 '공부'와는 거리가 먼 존재들이었다. 이들이 근사하게 생각했던 것은 여전히 무예였지 독서가 아니었다. 독서는 나약한 자들이나 하는 것이라는 생각이 강하게 남아 있었다. 이 시기 사무라이들은 문맹을 큰 수치로 여기지도 않았다.

유학자들의 지위도 보잘것없었다. 막부 초기에 유자(儒者)들은 의사나 승려와 마찬가지로 삭발을 해야 했다. 의사나 승려처럼 이들

유학의 확산과
'사대부적 정치 문화'의 형성

은 사회의 정식 일원이 아니라 탈속적(脫俗的)인 존재로 여겨졌기 때문이다. 그나마 유교를 장려했던 쇼군 쓰나요시 때 유자의 머리 모양을 바꿔 주었으나, 역시 총발(總髮), 즉 머리를 길러 뒤로 묶는 스타일로 제한되었다. 우리가 영화 등에서 익히 보는 사무라이의 머리 모양을 허용하지 않았던 것이다. 다음과 같은 일화는 좀 극단적인 예이긴 하지만 이 시기 유자들의 사회적 위치를 잘 보여 주는 것이다.

어느 번의 다이묘가 자기 영지에 학식으로 명망이 높은 유학자가 있다는 걸 알고 그를 초청했다. 도노사마(殿樣: 영주에 대해 존칭)의 위광에 눌려 머리를 조아리고 있는 그에게 다이묘는 가까이 와 앉으라고 권했다. 이 유학자가 조심조심 다다미를 기어 올라와 다이묘의 면전에 다가서자마자, 다이묘는 오른쪽 뺨을 후려쳤다. 기겁을 한 유학자의 얼굴이 벌게진 것은 당연했다. 이때 이 다이묘가 비웃으며 말했다. "너는 공맹(孔孟)의 가르침을 제대로 배워 명성이 높다고 하더니 어찌 이만한 일로 얼굴색이 변하느냐? 공맹의 가르침을 제대로 배웠다면 왼쪽 뺨도 내어놓아야 하질 않겠느냐!" 수치심에 몸을 떨며 물러가는 유학자를 보며 이 다이묘는 배를 잡고 웃었다.

이 얘기가 어디까지 사실인지는 알 수 없으나 당시 유학자들의 처지를 반영한 일화인 것만은 분명하다. 비슷한 시기 전국 사림(士林)들의 존경을 한 몸에 받으며 그 위세가 국왕을 넘어섰던 조선의 송시열(宋時烈, 1607~1689)과 비교해 보라. 유학자 아라이 하쿠세키 역시 6대 쇼군 도쿠가와 이에노부(德川家宣)의 신임을 받으며 한때 실세로 군림하기도 했다. 그러나 그는 막부의 지지 기반인 하타모토들 사이에서는 철저히 고립된 존재였고, 이에노부의 사망과 함께 간단히 권좌에서 쫓겨나고 말았다. 도쿠가와 막부는 끝까지 과거제를 실시하지 않았다. 중국, 조선, 베트남 등 동아시아 국가들이 19세기 말 또는 20세기 초까지 줄기차게 과거를 통하여 관리를 뽑았던 것과는 대조적이다. 이 때문에 일본 유학자들에게는 출셋길이 극히 제한되어 있었다. 혹자는 과거제가 없었기 때문에 일본 유학자들은 시험공부에 얽매이지 않고 자유롭게 공부하여 다채로운 학풍을 만들어 낼 수 있었다고 주장한다. 일리 있는 말이지만, 과거제가 없다는 것은 일본 유학자들의 사회적 지위를 결정적으로 취약하게 만들었다. 이 때문에 그들은 생존을 위하여 끊임없이 불교나 신도(神道)의 학설과 타협하였다. 그들이 중국이나 조선의 과거제를 부러워하며 자신의 처지를 한탄하는 것은 이 시기 곳곳에서 볼 수 있는 풍경이었다.

유학의 사회적 비중이 이 정도에 불과했기 때문에 국가 의례나 권력자 가문의 의식(儀式)이 유교식으로 치러지는 일은 거의 없었다. 쇼군이 죽으면 화장을 해서 도쿠가와 가문 전담 사찰인 간에이사(寬永寺)와 조조사(增上寺)에 모셨다. 조선 국왕이나 중국 황제의 능 같은 거대한 능묘가 없는 것은 물론이다. 유골과 위패가 모셔질 뿐이었다. 일본을 관광할 때 천황릉은 있지만 쇼군릉이 없는 것은 그들의 장례가 불교식이었기 때문이다. 또 그들에게는 시호(諡號)나 묘호(廟號) 대신 '~인(院)'이라는 불교식 원호(院號)가 붙여졌다. 『조선왕조실록』은 세종, 정조 등 묘호로 국왕을 기록하지만, 『도쿠가와 실기(德川實紀)』에서는 역대 쇼군을 다이유인(大猷院, 도쿠가와 이에미쓰), 유토쿠인(有德

유학의 확산과
'사대부적 정치 문화'의 형성

院, 도쿠가와 요시무네) 등 불교식으로 불렀다. 유교식 예제(禮制)는 막말기까지 거의 침투하지 않았다. 17세기 조선에서 예송 논쟁(禮訟論爭)[14]이 피비린내 나는 사화(士禍)를 불러올 정도로 중요했던 것과 비교해 보라.

피지배층으로 내려오면 유교의 영향력은 더욱 희박해진다. 조선의 경우 18세기 정도가 되면 일반인의 관혼상제 풍속이 거의 유교식으로 행해졌다. 동성동본끼리는 결혼할 수 없었으며 혼례 때는 사주단자, 폐백 등 유교적 풍속이 등장한다. 장례 때는 빈소가 설치되었고 죽은 자를 관에 넣어 발인을 했다. 그 후 매장을 하여 그 위에 봉분을 쌓고, 여유가 되면 비석을 세웠다. 그리고 기일에 맞춰 향불을 피워 초혼을 하고 홍동백서(紅東白西)의 제사상을 차려 제사를 지냈다. 이처럼 조선 사회는 지구상에서 유교적 습속이 가장 강력하게 침투한 사회였다. 그 영향이 21세기의 한국 사회에도 고스란히 남아 있는 것은 독자들도 잘 알고 있을 것이다.

이에 반해 일본 민간의 생활 습속은 불교와 신도의 영향이 압도적이었다. 유학은 18세기 후반부터 19세기에 걸쳐 민간 사회에도 침투했지만 생활 습속의 변화에는 거의 영향을 주지 못했다. 현재에도 거의 대부분의 일본인들은 죽으면 화장을 하며, 장례식은 절에서 담당한다. 일본에 따로 장의사가 없는 이유이다. 물론 일본열도에서는 봉분도 쉽게 찾아볼 수 없다. 폐백이나 제사 등이 일본인들에게 낯선 것은 당연하다.

　이처럼 일부 위정자와 학자들의 노력에도 불구하고 도쿠가와 시대 전반기에 유학·유교는 일본 사회에 크게 침투하지 못하고 있었다. 그런데 이런 상황에 변화가 생긴 것이 18세기 후반부터였고, 특히 18세기 말에서 19세기에 걸쳐 변화는 가속화되었다. 미리 말해 두자면, 그 변화는 주로 사무라이층을 중심으로 일어났으며, 주로 정치 분야에 영향을 끼쳤다. 즉 일반 민중이나 생활 습속 면에 끼친 영향은 그리 크지 않았다. 그러나 필자는 이처럼 정치 분야에 끼친 영향이 19세기에 커다란 정치 변혁을 일으키는 동인이 되었다고 보고 이를 중점적으로 다루고자 한다.

　유학적 정치사상은 현존 질서를 옹호하는 면도 가지고 있다. 이것이 막부나 다이묘들이 유학을 장려한 이유일 것이다. 그러나 동시에 유학적 정치사상은 일반 사무라이들이 군인이나 서리가 아니라 사(士)가 되어 정치에 참여할 것, 민중에 대한 군정(軍政)을 그만두고 인정(仁政)과 덕정(德政)을 펼쳐야 한다는 것 등을 자각케 하는 급진적인 요소도 갖고 있었다.

　다른 건 다 제쳐 두고라도 우선 상층 군인이 세습적으로 정치를 담당하는 것 자체가 유학적으로 보면 이상하지 않은가? 천황은 누구인가? 그를 제쳐 두고 집권하고 있는 쇼군은 정치적으로 정당한가? 유학적 정치사상은 도쿠가와 사회에서는 양날의 칼이었다. 이 칼을 어떤 세력이 어떻게 들이미는가에 따라 그것은 '매력적인 위험 사상'[15]이 될 수도 있었다. 또 그것은 중국이나 조선에서처럼 오래된 기성 사상이라기보다는, 적어도 일반 사무라이들에게는 어딘가 낯선, 그렇지만(혹은 그렇기 때문에) 새로운 자각과 열정을 가져다주는 사상이었다. 이 시기 일본에서 유학적 정치사상이 갖는 역사적 의미와 그것에 대한 사회적 감각은 조선이나 중국과는 꽤 달랐다는 점을 염두에 두어야 한다.

그럼 이 시기 유학이 확산되는 과정을 먼저 막부의 변화에서부터 살펴보자. 앞에서 언급한 대로 막부는 하야시 가문에게 학문 활동과 교육을 전담할 수 있는 권한을 주었다. 그러나 이것은 어디까지나 하야시 가문의 사숙(私塾) 형태로 운영된 것이었다. 전체적으로 봐서 하야시 가문의 학문 활동이 막정(幕政)에 큰 영향을 미쳤다고 보기는 어렵다. 그런데 막부는 1790년대 들어 유학을 중시하는 정책을 잇달아 내놓는다. 먼저 막부는 하야시 가문의 사숙을 막부의 공식적인 관학(官學)으로 확대·개편하고 명칭을 쇼헤자카 학문소(昌平坂學問所)로 하였다. 지금 도쿄 유시마(湯島)에 남아 있는 건물이 바로 이것이다. 학문소의 주축은 여전히 하야시 가문이었지만, 전국에서 유명한 유학자들을 초빙해서 교수진을 대폭 강화하였고, 막부의 가신들뿐 아니라 각 번에서도 학생들을 받아들였다. 조선의 성균관이나 청의 국자감 같은 것이 드디어 일본에서도 생긴 것이다.(물론 규모나 중요도 면에서는 한참 떨어졌다.)

교과 면에서는 주자학이 더욱 강조되었다. 막부는 1791년 하야시 가문에게 주자학 이외의 학문을 하는 문인(門人: 문하생)들을 단속하도록 명령했다. 이학(異學) 금지령이다.[16] 물론 이것은 막부 휘하의 하타

막부 관립 학교 쇼헤자카 학문소의 모습

공자 탄생지 창평(昌平)에서 이름을 딴 막부 설립 학교인
쇼헤자카(昌平坂) 학문소에서 각 번의 사무라이들이 강의를 듣고 있다.
진지하게 공부하고 있지만 허리춤에는 여전히 칼을 차고 있는 모습이
보인다. (그림: 도쿄대학사료편찬소 소장)

막부가 세운 공자 묘

막부는 쇼헤자카 학문소 내에 공자 묘인 대성전(大成殿)을 세웠다.
여기에는 공자 외에도 맹자(孟子), 안자(顔子), 증자(曾子), 자사(子思)
등을 모셨다.

모토, 고케닌을 주요 대상으로 한 것으로 각 번들에 명령을 내린 것은 아니었다. 또 전국적으로 이것을 강제한 것도 아니었다. 전국적인 관점에서 봤을 때 이학 금지령 때문에 주자학 이외의 다른 학파들이 위축되었다고 할 수는 없다. 그러나 이로 인해 막부가 주자학을 적극 장려하고 있다는 사실은 명백해졌고, 이후 주자학은 더욱 성행하게 되었다.

이를 제도적으로 뒷받침한 것이 학문 음미(學問吟味) 제도였다. 이것은 과거제처럼 시험을 통해서 역인을 선발하는 제도이다. 이때까지도 일본에서는 조선, 중국, 베트남 등 다른 동아시아 국가들과는 달리 과거제가 실시된 적이 없었다. 그런데 이때 놀랍게도 사무라이를 대상으로 주자학 실력을 평가하는 시험 제도가 탄생한 것이다. 물론 제한적으로 실시했기 때문에 과거제와 같은 수준에서 논할 수는 없지만, 무예가 아니라 학문에 출중한 사람들에게 출세의 길이 열린 것은 분명했다. 무사가 학문 연마를 통해 입신양명할 수 있는 시대가 된 것이다. 실제로 학문 음미 제도에 합격하여 막정에서 주요 역할을 하게 된 사람들이 속속 등장했다. 특히 19세기 중엽 서양에 개항을 강요당하던 위기의 시기에 학문 음미 출신자들은 외교 분야를 거의 전담하다시피 했고, 간조부교, 메쓰케 등에도 많이 진출했다.

각 번에서도 유학은 학교를 중심으로 급속히 확산되었다. 17세기 내내 번의 공식 학교인 번교(藩校)를 갖고 있는 번은 전체 약 270개의 번 중에서 10곳, 즉 3.7퍼센트 정도였다. 18세기에 들어 사정은 좀 나아졌으나 1750년경까지도 약 28개, 즉 10퍼센트 정도에 불과했다. 사무라이들은 여전히 학교보다는 무도장(武道場)에 관심이 많았던 것이다. 이런 상황에 변화가 생긴 것이 1750년대부터였다. 이때부터 매해 1개 이상의 번교들이 설립되기 시작하더니 그 추세는 18세기와 19세기의 전환기에 절정을 맞이했다. 대략 1790년부터 1830년까지의 40년 동안 무려 87개, 즉 매해 2개를 넘는 번교가 설립되었다. 그 후에도 이런 경향은 수그러들지 않았다. 가히 학교 설립의 붐이라고 할 만하다.

번교 설립 추세[17]

시기	설립 번교 수	당해 기간 1년당 설립 번교 수
칸분(寬文)-조쿄(貞享) (1661~1687)	4	0.15
겐로쿠(元祿)-쇼토쿠(正德) (1688~1715)	6	0.22
교호(享保)-간엔(寬延) (1716~1750)	18	0.53
호레키(寶曆)-텐메이(天明) (1751~1788)	50	1.35
간세이(寬政)-분세이(文政) (1789~1829)	87	2.18
덴포(天保)-게이오(慶應) (1830~1867)	50	1.35
메이지(明治)1-4년 (1868~1871)	36	12.00
연대 불명	4	
합계	255	
번교 유무 불명의 번	21	

쩹당해 기간 1년당 설립 번교 수는 소수점 4자리에서 반올림한 숫자임.
쩹설립 번교 수는 번교의 유무를 확인할 수 없는 21개 번을 제외한 것임.

번교들의 교과는 다양했지만 중심은 역시 유학, 그중에서도 주자학이었다. 유학 관련 교과가 없는 번교는 한 곳도 없었다.[18] 각 번들은 사무라이 자제들에게 번교 출석을 강하게 독려했고, 자제들의 번교 취학을 의무화한 번도 70퍼센트에 달했다. 사무라이들에게 공부와 학문은 점점 피할 수 없는 인생 코스가 되어 가고 있었다. 사무라이들은 이제 '문무에 힘쓰라'는 말을 귀에 못이 박히도록 들어야만 했다. 미토 번, 구마모토 번(熊本藩) 등에서는 막부와 마찬가지로 학문 음미 제도를 실시하여 인재를 등용하였다.

학교 교육이 사무라이 계층에만 확산되었던 것은 아니었다. 번교가 주로 사무라이를 대상으로 한 것이었다면 향교(鄕校), 사숙 등은 신분에 관계없이 원하는 사람들에게 교육을 베풀었다. 향교는 번이 농촌에 설립한 학교였다. 여기에는 주로 중상층 농민이 다녔으나, 지방의 의사, 신관(神官) 등도 많이 수학하였다. 향교가 얼마나 설립되었는지에 대한 정확한 통계는 없으나, 전국 각 번에 대단히 많은 수의 향교가 설립된 것은 분명하다. 다음으로 사숙의 존재도 빼놓을 수 없다. 학문적 명성이 있는 개인이 설립한 사숙은 번의 지원을 받거나 번의 교육 체계에 편입되어 있는 경우도 간혹 있었으나, 대개는 개인이 운영했다. 나중에 말하겠지만 학문적 교육 기관은 사무라이들이 정치 행동에 나서는 데에 큰 역할을 했는데, 그중에서도 사숙의 역할은 특히 중요했다.[19]

이상 살펴본 것처럼 18세기 후반의 학교 설립 붐은 많은 교육 기회를 제공했고, 수많은 사람들이 새롭게 배움의 길로 들어섰다. 어

유학의 확산과
'사대부적 정치 문화'의 형성

떤 연구자는 이를 '교육 폭발의 시대'[20]라고 불렀다. 이에 따라 유학은 지금까지와는 비교가 되지 않을 정도로 보급되었다. '유학의 대중화'[21]라는 조금은 과장된 표현이 나오는 이유이다. 19세기 일본의 성공 배경에는 이러한 '공부 열풍'이 있었던 것이다. 미토 번의 학자이자 행정가였던 고미야마 후켄(小宮山楓軒)의 일기(『에도 일기(江戸日記)』)를 보면 에도 시내에서 어떤 사람이 대단한 장서가였다든지, 또 어떤 사람이 무슨 책을 빌려 주었고, 또 어느 책에 교정을 했다든지 하는 얘기들이 심심치 않게 등장한다. 고미야마가 미토 번 유수의 학자였던 점을 감안하더라도 이제 '책'이 사무라이 사회의 주요 관심사 중의 하나가 되었음을 알 수 있다.

그렇다면 이 시기에 이처럼 학교 설립이 급증한 이유는 무엇일까. 도쿠가와 사회는 초기 이래 유례를 찾아볼 수 없는 장기간의 평화를 경험하고 있었다. 국제 전쟁이나 대규모의 내전은 물론 사무라이 군대가 출동할 정도의 대규모 민중 봉기도 드물었다. 사무라이 사회에서 말이다. 이렇게 되니 사무라이들은 점점 군인으로서의 존재 증명을 하기가 어려워졌다. 대신 행정 능력과 정치 역량이 점점 중요해졌다. 무도장(武道場)은 여전히 사라지지 않았지만 사무라이들은 이제 학교에서 배울 것이 점점 많아진 것이다.

사무라이들의 정치 참여

이 같은 상황에서 유학과 정치권력의 관계는 전보다 훨씬 긴밀해졌다. 조선이나 중국만큼은 아니라 하더라도 이제 일본의 권력자들에게도 유학적 정치사상과 소양을 갖춘 역인은 꼭 필요한 존재가 되었다. 나아가 고위 권력자 스스로도 유학적 소양을 갖추는 것이 바람직하게 여겨지기 시작했다. 아마도 탁월한 유학 지식인이자 간세이 개혁(寬政改革)의 주도자였던 로주 마쓰다이라 사다노부(松平定信, 1759~1829)는 그런 시대적 흐름을 상징하는 인물이었을 것이다. 로주 중에도 당대 일류의 유학 지식인이 나오는 시대가 된 것이다.

이 시기 두드러지기 시작하는 유학적 지식인의 정치적 진출은 크게 보아 두 가지 형태로 나눠 볼 수 있다. 하나는 유학을 직업으로 하는 유자(儒者)들의 정치적 진출이고, 또 하나는 일반 사무라이들의 유학 학습 그룹이 정치화하는 경우이다. 먼저 전자를 대표하는 경우는 막부 관립 학교인 쇼헤자카 학문소의 유자들을 들 수 있다. 앞에서 언급한 대로 애초에 하야시가의 사숙으로 출범했던 학문소는 이 시기 막부의 공식적인 학문·교육기관으로 탈바꿈했다. 학문소를 총괄하는 것은 여전히 하야시가였으나, 하타모토를 비롯한 막부 가신을 직접 교육하고 통제하는 것은 전국에서 뽑아 올린 유자들이었다. 이른바 '간세이(寬政)의 3박사'(라이 슌수이(賴春水), 고가 세이리(古賀精里), 비토 니슈(尾藤二洲))가 그 대표적인 사람들이다. 이 유자들은 막부의 수뇌부로부터 정책 자문을 받는 형태로 정치에 정기적으로 영향을 끼치게 된다. 예를 들면 간세이기에는 막부 법령의 작성 과정에서 유자에게 자문하는 일이 생겨나기 시작한다.[22]

막부 유자들의 정치 참여에서 특히 중요한 것은 외교 참여였다. 당시 러시아를 비롯한 서양 열강이 일본과의 외교 수립을 요구하

유학의 확산과
'사대부적 정치 문화'의 형성

는 상황에서 막부는 외교 선례와 서양 정보, 그리고 한문에 해박한 유자들을 중용하게 되었고, 이는 1850년대까지 이어진다. 유자들은 또한 쇼군에게 어전 강의를 행하였고, 막부 로주의 브레인으로 활동하기도 했다.

한편 이 시기에는 각 번에서도 유학 지식인들이 번정(藩政)에 영향을 미치는 현상이 나타나기 시작한다. 미토 번이 그 대표적인 예에 해당하는데, 이 번에서는 애초에 역사서 편찬(『대일본사』)을 위해 설치된 기관인 창고관(彰考館)에 모인 사관원(史館員)들이 상서 등을 통해 정치에 개입하기도 하였고, 번주의 교육을 담당하는 시독(侍讀)들이 번주에 영향력을 행사하는 현상도 나타났다.

다음으로 주목할 것은 일반 역인이나 일반 사무라이들이 유학 학습 그룹, 혹은 학파를 매개로 결속하여 정치적 진출을 꾀한 현상이다. 이런 움직임이야말로 사무라이 사회가 얼마나 '문인화' 혹은 '사대부화'되어 갔는가를 보여 준다. 또 이들이 기성 문벌파의 반대를 무릅쓰고 번교 설립을 주도하면서 그곳을 정치적 거점으로 삼거나, 그에 실패할 경우 번교 바깥에서 사숙을 중심으로 정치적 그룹, 즉 '학당(學黨)'을 형성하여 정치 행동에 나섰는데, 이에 대해서는 5장에서 자세히 서술하겠다.

'칼 찬 사대부',
'독서하는 사무라이'의 등장

이처럼 유교 소양이 깊어지면서 사무라이들의 정체성에도 변화가 나타났다. 원래 사무라이는 평소에 무예를 갈고닦다 전투가 벌어지면 주군의 명령에 절대복종하는 것이 본연의 임무였다. 천하 대사, 국가 대사는 이들의 관심사가 아니었다. 복잡한 정치사상도 고매한 경세론도 이들과는 무관했다. 그러나 태평성대가 200년이 훌쩍 넘도록 이어지고, 유학적 소양이 깊어지자 이들은 점차 천하 대사, 국가 대사에 관심을 갖게 되고 '치자(治者) 의식'에 눈뜨게 된다. 주군에 대한 절대복종에도 고개를 갸웃거리기 시작했다. 이 '독서하는 사무라이'들은 점차 사대부화되어 갔던 것이다. 물론 그렇다고 해서 그들이 사무라이 의식을 버렸다는 얘기는 아니다. 그들은 메이지 시대에 칼을 버리라는 폐도령(廢刀令)이 내려질 때까지도 허리춤에 찬 칼을 내려놓지 않았다. 이런 의미에서 필자는 이 새로운 사무라이들을 '칼 찬 사대부'라고 부른다.

19세기 초엽은 이 '독서하는 사무라이' 또는 '칼 찬 사대부'들이 대량으로 출현한 시기였다. 때마침 막부나 각 번은 재정난에 허덕였고, 도시에서는 우치코와시(폭동)가, 농촌에서는 잇키가 전에 없이 자주 발생하였다. 결정타는 외세의 등장이었다. 이 내우외환의 시대에 사대부 의식으로 새롭게 무장한 이들은 급속히 정치에 뛰어들었다. 이때 이들이 정치 현장에서 의존했던 수단은 어느덧 그들도 익숙해져 있던 사대부적 정치 문화였다.

2. '사대부적 정치 문화'란 무엇인가[23]

'사대부적 정치 문화'의 성격

그렇다면 '사대부적 정치 문화'란 무엇인가. 동아시아에는 역사상 여러 정치 문화, 정치 유형이 존재해 왔다. 예를 들면 유교적 정치 문화, 법가적 정치 문화, 불교적 정치 문화, 유목적 정치 문화, 무사적 정치 문화 등이다. 이들은 서로 영향을 주고받기도 했고, 많은 경우 한 정치체제는 복수의 정치 문화를 교묘하게 혼합·이용하여 유지되곤 했다. 물론 이들 중 유교적 정치 문화가 단연 압도적이었다. 이 유교적 정치 문화는 다시 몇 가지 하위 유형으로 구분할 수 있다. 가설적인 수준이지만 일단 군주독재적 정치 문화, 군주-귀족 연합적 정치 문화, 실권자적 정치 문화, 그리고 사대부적 정치 문화로 설정할 수 있을 것이다.

이들은 어느 하나가 우월적 위치를 점하던 시대에도 다른 것들과 긴장·갈등하며 존재했고, 그 역관계에 따라 시대마다 다양한 존재 양태, 결합 형태가 존재해 왔다. 그러나 그중에서도 대다수 유교 지식인이 바람직한 것으로 여겼던 것은 사대부적 정치 문화이다. 사대부적 정치 문화의 요소들은 중국에서는 고대 이래 단편적으로 존재해 왔으나, 이것이 지속적으로 한 사회에 작용하고, 이에 기반을 둔 정치체제가 현실화되기 위해서는 조건들이 필요했다. 그리고 그것이 가능하게 되었던 것은 대체로 중국의 송대(宋代) 이후라고 본다.

먼저 필자가 생각하는 사대부적 정치 문화의 내용과 성격을 제시하면 다음과 같다.

① 유학 소양을 갖춘(기본적으로 '학(學)'을 정치 자산으로 삼는) 엘리트, 즉 사대부들이 군주와 함께 자신들을 천하공치(天下共治)의 담당자로 자부하여 정치에 적극적으로 간여하고 발언한다. 이들을 '공정하게' 채용하는 제도가 과거제이다. 송대 이후 중국의 사대부나 조선조의 양반 계층은 유럽의 귀족층에 비해 신분으로서의 의미가 현저히 약했고, 토지 지배의 측면에서도 자기 힘으로 영역을 구축하여 지배하기보다는 국가 권력에 크게 의존하고 있었다. 이들이 정치적·사회적으로 지배층일 수 있었던 가장 큰 힘은 학적(學的) 권위에서 온 것이었다. 당시에 이들을 '독서인(讀書人)'이라고 부른 이유이다. 한편 도쿠가와 시대 사무라이 계층은 신분적 성격은 강했지만, 병농 분리가 보여 주듯 토지 지배로부터는 격리된 사회 계층이었다.[24] 이들이 지배층일 수 있는 것은 '무(武)의 힘', 즉 무력과 폭력이었다.

② 어떤 직무를 담당하고 있든 사대부들의 가장 중요한 관심사는 천하 대사, 국가 대사이다. 이들이 서리가 아니라 사대부인 이상, 자신의 직무를 넘어 정치 전반에 관심을 갖고 발언하는 것은 당연한 의무이자 권리이며 권장되는 것이었다. 후술할 바와 같이 이 점이 도쿠가와 시대, 전쟁이 없는 상황에서 서리의 역할밖에 주어지지 않았던 일반 사무라이들과 결정적으로 다른 점이었다. 사무라이가 서리의 역

유학의 확산과
'사대부적 정치 문화'의 형성

할을 거부하고 사(士)가 되려고 했을 때, 일본에 새로운 정치 주체가 형성되었던 것이다.

③ 사대부들은 정치 주장을 펴는 유력한 수단으로 간언(諫言, 특히 언관을 통해서), 상서, 학교에서의 강학(講學) 등을 이용한다. 효과적인 상서가 되기 위해서는 내용의 적실성 뿐 아니라 해박한 고전 이용, 유려한 문체 등이 필요하다. 따라서 상서를 통한 정치 주장에는 학문적 실력이 중요하다. 또 상서가 정치적 힘을 발휘하기 위해서는 '공론(公論)'과 연결될 필요가 있다. 즉 상서는 공론의 반영이라는 자기 정당화를 통해 정치적 파괴력을 갖게 되는 것이다. 물론 이 공론에는 바른 주장, 즉 정론(正論)이라는 의미도 있지만 곧잘 다수의 의견, 즉 중론(衆論)의 의미로 쓰였다. 따라서 이 공론 정치는 여론 정치라는 성격을 상당히 갖고 있었고, 상서는 그것을 반영하는 형태로 표출되었던 것이다.

④ 사대부는 유럽의 귀족이나 일본의 사무라이처럼 태어나면서 저절로 얻어지는 지위가 아니라 어디까지나 학문의 습득을 기반으로 획득하는 지위이니만큼, 학문을 매개로 인적 네트워크, 조직을 형성하는 경우가 일반적이다. 여기에는 학문적 영수(領袖)를 중심으로 방대한 학파를 형성하는 경우(이 경우는 누대에 걸친 학문적 사승(師承) 관계가 형성되어 있고, 대외적으로 배타적인 경우가 많다. 조선의 경우이다.), 학교 등 교육기관(수도의 공립학교, 지방 향교, 또는 사립인 서원)을 중심으로 연결되는 경우, 단순한 연구회를 중심으로 느슨한 네트워크를 형성하는 경우(막말기 일본의 경우)도 있다. (이 모두를 포괄하여 '학적(學的) 네트워크'

로 부르기로 한다.) 사대부들의 정치 활동의 기반은 바로 이 '학적 네트워크'이며, 공론도 이를 바탕으로 형성되는 경우가 많다. 이것은 사대부적 정치 문화의 가장 큰 특징이며, 다른 문명권과 구별되는 동아시아 정치의 특징이기도 하다.

⑤ 이 '학적 네트워크'에 기반한 복수의 정치 세력(당파)이 지속적으로 경쟁하는 것이 붕당정치이다. 그리고 그들 간의 정치투쟁이 당쟁이다. 공자가 "군자는 당을 짓지 않는다(君子不黨)."라고 한(『논어』 술이(述而) 편) 이래 당은 비판의 대상이 되어 왔다. 그러나 '근세'에 들어와 사대부적 정치 문화가 형성되면서 사대부들이 활발한 정치 활동을 하게 되자, 자연히 당파가 생겨나는 경우가 발생했다. 이에 따라 당에 정당성을 부여하려는 언설도 나타났다. 송나라 구양수(歐陽修)의 「붕당론(朋黨論)」은 비록 복수 당파의 당쟁을 긍정한 것은 아니고 올바른 유일 당파(군자당(君子黨))의 정당성을 변증한 것이었지만, 어쨌든 사대부의 당파에 정당성을 부여했다는 점은 주목할 만하다. 조선의 이이(李珥)는 군자당이라면 군주도 입당해야 한다는 주장까지 했고, 실제 조선 정치에서는 당쟁이 만연했다. 17세기에 조선에서는 한때 복수 당파의 공존이 실현되었고 사상적으로도 정당화되는 상황까지 생겼다.[25]

그러나 역시 청 옹정제(雍正帝)의 「어제붕당론(御製朋黨論)」으로 대표되듯 당파, 당쟁에 대해서는 부정적인 견해가 압도적이었다. 사대부들은 언설에서는 당쟁을 비난하면서도 실제 자신들의 정치 활동에서는 자연스레 당파를 형성하지 않을 수 없는 딜레마에 처했던 것이다.(막말기의 요시다 쇼인과 요코이 쇼난(橫井小楠)도 당쟁을 비판하면서도 당쟁

유학의 확산과
'사대부적 정치 문화'의 형성

의 한쪽 당사자가 되어 버렸다.) 이 딜레마를 모면하기 위해 때로는 군주의 파당론(破黨論)에 굴복해야 했고, 때로는 유일 정당론(唯一政黨論)으로 자신의 정치 행위를 변호하려 했다. 그러나 끝내 복수 당파의 평화적 공존이라는 언설을 창출해 내는 데까지는 이르지 못했다.[26]

⑥ 붕당정치는 보다 많은 수의 사회 구성원을 정치에 참여시키고, 정치 의제를 상호 견제와 경쟁 속에 공론화한다는 점에서 정치 과정의 공공적 성격을 강화하는 데 큰 역할을 했고, 이것은 다른 문화권의 정치와 비교해도 큰 역사적 의의를 부여할 수 있을 것이다. 그러나 복수 당파의 평화적 공존 시스템을 끝내 만들어 내지 못한 탓에 이 경쟁은 곧잘 과열되어 당쟁이 되었고, 집권 후 폭력적 보복이라는 악습으로 이어졌다.(조선에서의 환국 정치(換局政治)가 대표적이다. 막말기 미토 번의 당쟁도 한 예가 된다.) 사대부적 정치 문화를 배척하려는 세력은 하나같이 이 당쟁의 폭력적 성격과 당의 사물화(私物化)를 구실로 삼아 군주독재 등으로 몰고 갔다.

⑦ 사대부적 정치 문화가 치열한 권력투쟁, 대외 위기 등을 만났을 때, 사화(士化)의 급속한 확산이 이루어진다. 필자가 말하는 '사화(士化)'는 신분 이동 현상을 말하는 것이 아니다. 정치의식 면에서, 또는 정치 행동 면에서 지금까지 정치적으로 활성화되지 않았던 기존의(특히 지방의) 사(士)들이 정치화될 뿐 아니라, 정치와 무관해야 할 리(吏, 서리)나 심지어 민(民, 백성)의 일부 중에서도 사(士)를 자임하며 정치 행동을 하는 자들이 나타나게 되는 것을 지칭한다. 따라서 조선 후기 사회의 '온 나라 양반 되기'[27]와는 차이가 있다. 이것은 당시 조선

백성이 정치화되었다는 것을 말하는 것이 아니라, 양반 신분의 경계가 모호해짐에 따라 많은 백성들이 유학(幼學: 벼슬을 하지 않은 유생(儒生)을 칭하는 말) 등의 직역(職役)을 획득하거나 예제(禮制) 등 양반의 풍습을 모방하여 양반 행세를 한 것을 가리키는 것이다. 필자가 말하는 사화는 그에 비하면 주로 정치사적 개념이다.

이 사화 현상은 곧잘 전국적으로 일어난다. 명말청초(明末淸初)의 동림당(東林黨)[28], 복사(復社) 운동[29], 17세기 조선의 정계를 달구었던 예송 논쟁 등이 그 예이나, 가장 선명한 예는 막말기 일본일 것이다.

⑧ 군신 관계는 기본적으로 군신의합(君臣義合)으로, 신하는 군주에게 맹목적으로 충성하는 것이 아니라 의(義)의 실현을 위해 군주를 적극적으로 보좌·계도하고 견제하는 것을 지향한다. 이런 의미에서 사대부적 정치 문화에서의 군주는 전제군주도 절대군주도 아니다. 적절한 비유가 아닐는지도 모르나 입헌군주가 헌법 규정 내에서만 권력 행사가 가능한 것처럼, 이상적으로는 군주는 의(義)와 리(理)의 규범을 넘어서까지 자의적인 권력을 행사할 수 없다. 의와 리에 대한 군주권의 열등한 지위를 극단적으로 표현한 것이 방벌론(放伐論: 덕을 잃은 임금은 타도되어야 한다는 맹자의 사상)이고, 반정(反正: 옳지 못한 임금을 폐하고 새 임금을 대신 세우는 일) 행위이다. 물론 이는 사대부적 정치 문화에서도 극단적·예외적인 경우이다.

⑨ 사대부적 정치 문화는 적어도 공식적으로는 군주 친정(親政)을 바람직하게 여긴다. 그들의 정치적 이상, 즉 의(義)는 군주를 통해서만 실현될 수 있기 때문이다. 이런 사상적 원리의 이유 외에도, 군

주 친정이 행해지지 않을 경우 그들이 경계하는 '변태적' 권력 구조가 발생할 가능성이 높기 때문이다. 환관 정치, 외척 정치, 실권자 정치 등이 그것이다. 물론 현실에서는 무능한 군주, 게으른 군주 등이 친정을 행하지 않는 경우가 비일비재했지만, 적어도 사대부적 정치 문화의 이상은 군주 친정이며, 변태적 권력 구조에 맞서 사대부적 정치 문화를 회복하려는 권력투쟁에서 군주 친정은 중요한 명분이 되었다.

군주 친정을 위해서는 군주가 현군(賢君)이어야 한다. 이 때문에 군주의 학문 연마가 강조된다. 이 역시 다른 문명권에서는 찾기 힘든 현상일 것이다. 조선의 예에서 보듯, 심한 경우에는 신하를 스승으로 모시고 자주 경연(經筵)에 참석해야 했으며, 군주 즉위 전부터 시독(侍讀)이 학문 연마를 재촉했다.[30] 그런데 '현군의 친정'이라는 요구는 사화와 밀접하게 관련되어 있다. 사화가 민주(民主)가 아닌 이상, 사화된 정치 주체들의 충성 대상은 어디까지나 지금은 여러 요인에 의해 본래 모습이 가려져 있는 현군, 한 사람이었다. 많은 사화 현상들이 '군주 옆에 있는 간신(군측의 간(君側의 奸))'을 제거한다는 명분 하에 진행된 것은 이를 잘 보여 준다. 다시 말하면 사화된 광범한 정치 주체들을 대표하는 것이 바로 군주 친정인 것이다. 군주 친정과 사화가 이런 관계라면, 사화가 아무리 활성화되어도 여기서 곧바로 '민주주의의 맹아'를 읽어 내려는 것에는 신중을 기하지 않으면 안 된다.[31]

이상 사대부적 정치 문화의 내용과 성격을 살펴보았다. 물론 현실에서는 사대부적 정치 문화가 제대로 구현된 시기가 그리 많지 않았다. 그러나 현실 속에서 사대부적 정치 문화는 다른 정치 문화와 길항·경쟁·보완하면서, 정치의 공공성 확보를 주장하는 광범한 사층(士層)에 의해 끊임없이 그 구현이 주장되어 왔고, 다른 정치 유형에 대한 강력한 안티테제로 존재해 왔다. 동아시아에 존재했던 정치 유형 중 사대부적 정치 문화는 가장 광범한 정치 참여를 허용하는 유형이다. 사(士)의 말단까지, 때로는 사화된 리(吏), 민(民)에게까지 정치 참여 범위가 확장될 수 있었다. 이것은 동아시아에서뿐 아니라 세계사적으로도, 민(民)의 정치 참여를 전면적으로 용인한 20세기 민주주의[32]를 제외하고는 가장 다수가 정치에 참여할 수 있었던 정치 문화, 정치체제였는지도 모른다.

중국·조선의
사대부적 정치 문화

사대부적 정치 문화의 단편들은 특히 중국에서는 고대, 중세에도 존재했다. 그러나 이것이 사상적으로나 현실적으로 체계성을 가진 하나의 정치 문화로 형성되기 시작한 것은 역시 송대 이후라고 봐야 할 것이다. 흔히 당송 변혁(唐宋變革)의 하나로 송대에 들어 귀족정치가 사라지고 황제 독재권이 확립된 점을 지적하나,[33] 그것은 사대부적 정치 문화와 한 묶음으로 등장한 것이다.

사대부적 정치 문화의 형성이 가능했던 조건들을 가설적으로 제시해 보면 다음과 같다. 당대(唐代) 불교 성행에 대한 반발로 인한 송대 이후 유교의 부흥과 주자학의 탄생, 토지 지배가 아닌 학(學)

유학의 확산과
'사대부적 정치 문화'의 형성

을 정치·문화적 권위의 궁극적 자산으로 삼는 사대부 계층의 광범한 형성, 과거제의 확립, 그들의 학습과 교육을 가능케 하는 서적과 학교의 보급(이를 가능케 한 인쇄술의 발달, 지방 경제의 발달), 전국 정치를 가능케 하는 정치 소통망의 형성(이는 상업 유통망이나 역참망(驛站網)에 기반한다.), 일정 정도 이상의 사대부층 인구의 형성과 그 인구의 전국적 분포 등이다.

그러나 사대부적 정치 문화가 성립 이후 동아시아 정치를 줄곧 장악한 것은 물론 아니었다. 일본의 사무라이 사회는 이를 좀처럼 수용하지 않았고, 중국, 조선에서도 그 전개 양태는 다양했다. 사대부적 정치 문화가 중국사에서 가장 성행했던 때는 명대일 것이다. 정부의 과도관(科道官)은 언관으로서 기능을 발휘했고, 사대부들의 학적 네트워크도 활발했으며, 갖가지 규제에도 불구하고 상서도 정치적 역할을 했다. 환관 정치에 반대하는 명 말의 동림당, 복사 운동은 이 사대부적 정치 문화의 존재감을 여실히 보여 주었다고 할 수 있다.

그러나 현실적으로 중국사의 경우 강력한 황제권의 존재, 또 정복 왕조의 통치 등의 이유 때문에 사대부적 정치 문화가 위축되는 경우도 많았다. 특히 청대에는 한족 지역인 내성(內省) 18성을 제외한 광범한 지역엔 사대부적 정치 문화가 거의 존재하지 않았고, 내성 18성에서도 강력한 황제권 때문에 사대부적 정치 문화의 활성화는 이뤄지지 않았다. 명 말의 사대부적 정치 문화의 활력은 정복 왕조가 자행한 문자옥(文字獄: 지식인에 대한 대규모 숙청)으로 짓눌렸다. 청조는, 필자의 구분에 따르면, 유교적 정치 문화 중 군주독재형 문화와 유목적 정치 문화의 혼합이라고 해야 할 것이다.

조정 내의 정책 결정은 초기에는 만주인 황족과 팔기왕공(八旗王公)으로 이뤄진 의정왕대신(議政王大臣)의 회의체에서 이뤄졌으나, 이들은 사대부도 아니었고, 오히려 만주족 고유의 의사 결정 구조를 계승한 것이었다.[34] 이것이 사라지고 군기처(軍機處)가 생겼으나, 이것도 황제가 자의로 임명한 인물이 황제를 보좌하는 자문, 스태프(staff) 기구에 가까웠지, 사대부의 의정(議政) 기구라고 보기는 어려웠다. 청 조정은 제대로 된 의정 기구 없이 황제와 각부 장관이 수직적으로 협의해 정책을 결정·집행하는 구조였다. 이런 구조에서 황제권은 견제되기 힘들었다. 언관인 도찰원(都察院)의 간언 기능도 거의 동결되다시피 했다. 청대에는 언관에 의한 황제와 조정 비판은 찾아보기 힘들었다.

사대부(명·청대 지배 계층인 신사(紳士)층)에 의한 상서도 거의 행해지지 않았다. 조선의 성균관생과는 달리 베이징의 국자감생들은 상서를 통한 정치 주장을 거의 하지 않았고, 지방 사대부들도 황제나 중앙 조정은 물론이고 지방 장관인 총독, 순무에게 상서하는 일도 흔하지 않았다. 그 대신 성행한 것이 주접(奏摺) 제도이다. 그러나 이것은 특정 사안에 대해 그 담당자와 황제가 일대일로 의견을 나누는 폐쇄적인 의사소통 방식으로 상서와는 성격이 크게 다른 것이었고, 언관은 주접 제도에서 배제되었다.[35] 사대부들 간의 당파도 결성되지 않았다. 옹정제의 「어제붕당론」에 대한 의미 있는 반론은 찾아보기 힘들었다. 물론 과거제가 중요한 기능을 유지했고 지방에서 신사층의 활동이 성행했던 것 등 사대부적 정치 문화가 부분적으로 움직이고 있었던 것은 사실이지만 대체로 청대에 그것은 크게 위축되었고, 이런 상태는 19세기 후반 캉유웨이(康有爲)를 비롯한 청 말 개혁가들에 의해 사대부적 정치 문화가 활성화될 때까지 계속되었다고 볼 수 있다.

사대부적 정치 문화가 가장 활성화되었던 곳은 조선이었다. 흔히 사림(士林)이라고 불리는 계층은 사대부적 정치 문화를 실현한 사람들이었다. 16세기 이를 실현하려는 사림들의 도전에 대해 기성 체제는 사화(士禍)로 혹독하게 대응했다. 사대부적 정치 문화의 확립 과정은 이처럼 유혈이 낭자한 과정이었다. 그러나 조선의 사대부적 정치 문화는 사화(士禍)를 뚫고 17, 18세기에는 조선 정치에 확고하게 자리 잡았다. 물론 사대부적 정치 문화의 과잉에 대한 견제도 존재했다. 공론(公論)이 왕에게 있으면 나라가 편안해지고 시정(市井)에 있으면 나라가 어지러워진다는 경고는 이런 맥락에서 나온 것이었다. 18세기 왕권에 의해 시도된 탕평 정치는 그 예이다.

그러나 17, 18세기 조선 정치의 주역은 단연 사대부적 정치 문화였다. 정연한 학문 이론 체계를 계승하는 사승(師承) 관계로 이루어진 학파와 그에 기반을 둔 당파는 항상적으로 존재했고, 당쟁은 지속되었다. 서울에 있는 양반, 학생들과 전국에 분포되어 있는 유생들은 서원에서 정치에 대해 토론하고 상서를 통해 중앙 정치에 대해 적극적으로 발언했다. 이 의견들은 '사림의 공론'으로 대단한 영향력을 행사했다. 이들을 배경으로 하여 삼사(三司: 홍문관, 사간원, 사헌부)에 포진한 언관들은 지금 봐도 놀랄 정도로 국왕과 그의 조정을 신랄하게 비판했다.

특히 17세기 복상(服喪)의 예(禮)를 둘러싸고 전개된 예송 논쟁은 수년간 전국을 정치 공론의 장으로 만들어 버렸다. 중앙 정계의 핫 이슈를 둘러싸고 지방 곳곳까지 전국적인 논쟁이 벌어졌고, 이에 따라 수천 통의 상서가 올라왔다. 이슈 발생으로 논쟁이 벌어지고 그것이 상서라는 형태로 서울로 피드백되는 데에는 몇 개월 정도밖에 걸리지 않았다고 한다. 이른바 전국 정치의 실현이었다.[36] 이 예송 논쟁을 통해 정치 논의는 전국 구석구석까지 미쳤으며, 사(士)의 말단까지, 때로는 사화(士化)된 민(民)에 이르기까지 정치 참여를 촉진했다.[37]

그러나 사대부적 정치 문화의 지나친 활성화는 극단적인 당쟁(환국 정치)을 만성화시켰다. 복수 당파의 공존이라는 정치 관습은 17세기에 일시적으로 형성되는 듯이 보였으나, 곧 상대방 당을 절멸시키려는 시도로 인해 무너져 버렸다. 영조·정조의 탕평책은 이를 견제하려는 것이었다. 그러나 정조 사후 조선에서 사대부적 정치 문화를 대체한 것은 소수 문벌 가문에 의한 독재정치, 즉 세도정치였다.[38] 세도정치 하에서 사대부적 정치 문화는 크게 위축되었다. 상서는 제한되었고, 올라온 상서도 제대로 처리되지 않았다. 당파는 위축되고 몇몇 거대 가문에 의한 정권의 과점이 계속되었다. 언관도 크게 위축되었고, 성균관생들의 정치 참여도 시들해졌다. 중요한 것은 이런 움직임이 전국 정치를 크게 약화시켰다는 점이다. 세도정치의 주역 가문들은 대체로 서울·경기 지역에 근거지를 갖고 있는 가문들이었다. 서울·경기 외의 다른 지역은 거의 정치에 참여할 기회를 잃거나 참여하려고도 하지 않았다. 흔히 조선은 당쟁으로 망했다고 하지만, 조선이 무기력해진 19세기는 오

유학의 확산과
'사대부적 정치 문화'의 형성

히려 상서, 붕당정치, 당쟁 등이 크게 위축되었던 시기였다. 필자의 용어로 말하자면 사대부적 정치 문화가 크게 위축, 또는 실종된 시기에 조선은 쇠퇴했던 것이다.

그리고 이처럼 중국에서는 물론이고 조선에서조차 사대부적 정치 문화가 위축되어 가던 19세기에 뜻밖에 '무인의 나라' 도쿠가와 시대 일본에서 사대부적 정치 문화가 출현했던 것이며, 이것이 전에 없던 정치적 활력을 가져와 막번 체제(幕藩體制), 즉 도쿠가와 사회의 동요와 새로운 정치 질서의 형성을 이끌었던 것이다.

사무라이들의 독서 모임, 회독(會讀)

　　유학 학습과 교육이 활성화되고 중시되면서 번교 교원들의 사회적 지위와 영향력도 높아져 갔다. 구마모토 번의 번교 시습관(時習館)의 훈도(訓導: 지금의 조교수급)인 나카무라 조사이(中村恕齋)는 휘하에 열 개가 훌쩍 넘는 회독(會讀: 여러 사람이 모여 책을 읽고 그 내용을 연구하고 토론하는 모임)을 운영하면서 매년 100여 명의 젊은 사무라이들을 제자로 삼았다. 이들은 『논어(論語)』, 『맹자(孟子)』, 『대학(大學)』, 『근사록(近思錄)』 등 유학 경전을 텍스트로 회독을 한 후, 거의 빠짐없이 술자리를 가졌다. 술자리는 곧잘 스승인 나카무라 자택에서 열리곤 했다. 이런 과정을 통해 스승과 제자, 또 회독 멤버 간의 끈끈한 인간관계가 형성되었을 것은 쉽게 짐작할 수 있다.

　　회독의 멤버 중에는 사가 번(佐賀藩), 스오 번(周防藩) 등 다른 번 사람들도 있었다. 이들은 장기간 학습한 후 자기 번에 돌아가서도 재차 방문하거나 또는 서신을 통해 나카무라와 왕래했다. 번교 회독과는 별도로 나카무라는 번 유력 가문의 의뢰를 받아 그 자제들을 따로 교육하기도 했다. 번의 최고 가문의 한 자제가 학업에 게으름을 피우자 나카무라는 위정자에게 학문이 얼마나 중요한가를 일장 훈계하기도 했다. 일개 교원이 번 최고 가문에 이런 태도를 보이는 것은 당시의 시대적 분위기를 엿보게 한다. 나카무라의 어머니가 아들이

훈도에 임명되자 춤을 추며 기뻐했다는 것도 이해할 만하다.[39]

유학 학습이 확산된 것은 상층 사무라이 사회에서도 마찬가지였다. 19세기 초 사쓰마 번에서는 기토 다케키요(木藤武淸)라는 낮은 신분의 학자를 중심으로 『근사록』을 읽는 모임이 활성화되었다. 이들은 특히 송나라 학자 주돈이(周敦頤)의 「태극도설(太極圖說)」을 떠받들어 사람들은 이들을 '근사록당', 혹은 '태극당'이라고 불렀다. 사무라이 사회에 유학 경전의 이름을 딴 정치 그룹이 등장한 것이다. 이윽고 이 모임의 멤버들이 번의 실권을 장악했는데, 번교의 핵심 세력들이 이들을 몰아내려고 반기를 들었다. 그러자 번주 앞에서 학술 논쟁이 벌어졌다. 근사록당 리더인 지치부 타로(秩父太郎)는 반대파를 어전에 불러 「태극도설」 첫 장을 강의하게 했다.

강의가 끝난 후 타로가 큰 소리로 "오늘 강의는 매우 허술하다. 다시 한 번 강의하라."라고 하자, "몇 번을 하더라도 마찬가지"라고 겐조(權藏, 반대파 교원)가 사양했다. 그런데도 타로가 억지로 분부를 하기에 하는 수 없이 다시 했는데, 타로는 그래도 알지 못하겠다며 다른 교원에게 강의하도록 분부했다. 겐조와 같은 의견이라며 그 교원이 사양을 하자 타로가 마침내 세 가지의 의문점을 지적하여 겐조를 힐문하였다. 겐조가 해명했지만 여전히 의견이 일치되지 않아 대논쟁이 되어 버렸다. …… 그러는 사이 대종(大鐘)이 울리고 오후 4시 30분경까지도 논쟁이 그치지 않자 주군께서 매우 지루해하는 기색을 보이셨다. 이에 타로가 주군을 향하여 오늘은 우선 여기까지가 좋겠다고 말씀 올린 후 겐조에게

물러가라고 하자 그들이 어전에서 물러갔다.[40]

      이처럼 정쟁에 학술 논쟁이 중요한 무기로 이용되며 정권의 최고 실력자가 학설로 반대파를 공격하고 있는 장면을 볼 수 있다. 그것도 번주 앞에서 말이다. 이것은 1807년에 벌어진 일이다. 불과 몇십 년 전과 비교하면 한마디로 격세지감이라 하지 않을 수 없다.

5장

'사화土化'하는
사무라이와
메이지 유신

1. 사무라이의 '사화(士化)'

군인에서 서리로

사무라이 사회에서 사대부적 정치 문화를 찾으려는 시도 자체가 좀 의외일 수도 있겠다. 그러나 적어도 18세기 말 이후 사무라이의 활동을 전해 주는 사료들을 접하게 되면 이들에게 유학의 영향력이 얼마나 두드러지게 되었는가를 쉽게 알 수 있다.

도쿠가와 시대 가신단은 대체로 전국시대의 군사 조직이 잔존하여 성립되었다. 따라서 강력한 군사 우위의 전통이 그대로 유지되었다. 실권은 야쿠가타(役方: 행정 분야)에 있더라도 사회 통념상 권위는 여전히 반가타(番方: 군사 분야)에 있었다. 이런 성격의 조직이었기에 의사 결정은 소수의 상급자들 사이에서 이뤄졌다. 막부에서든 번에서든 로주를 비롯한 소수의 상층 역인들이 상호간의 담합에 의해 의사 결정을 하는 것이 상례였고, 회의를 열어 치열한 토론을 벌이거나 하물며 정부 내외의 여론을 광범하게 수렴하는 일은 거의 없었다. '정치의 동결(凍結)'이었다. 각 역인들도 자신이 맡은 직책 이외의 일에 신경 쓰거나 관심을 갖는 것은 경계되었다. 역인들은 직책을 맡을 때 직책과 관련된 정보는 다른 직책의 역인에게는 물론, 가족이나 친척에게도 누설해서는 안 된다는 서약을 해야 했다. 이들은 천하 대사, 국가 대사와는 거리가 먼 존재들이었다. 다시 말해 이들은 사(士)가 아니라 리(吏)였던 것이다. 물론 전쟁 없는 사회에서 군인으로서의 성격도 희미해졌다.

특히 사무라이 인구의 80~90퍼센트를 차지하는 석고 100석 미만의 하급 사무라이들은 주로 성문 경비, 다다미 조달, 장부 정리 등 리무(吏務)에 종사했다.[1] 이런 일들은 가업이었기 때문에 자신의 능력이나 노력으로 지위 상승을 기대하는 것은 어려웠다. 전쟁이 없어 무사로서 공을 세울 기회가 없어진 이들이 리무에서 벗어날 출구는 별로 보이지 않았다. 무사로서의 자부심과 리무에 종사해야 하는 현실 사이에서 이들의 불안과 불만도 쌓여 갔다.

서리에서 사(士)로

그런데 18세기 후반부터 이뤄진 유학 교육의 급속한 확산은 이들에게 중요한 돌파구가 되었다. 사무라이의 유학 학습은 학교의 증가와 깊은 관계가 있다. 앞서 설명한 대로 1750년대를 기점으로 번이 설립한 공립학교, 즉 번교가 급격하게 늘어나기 시작해 18세기 말에서 19세기 초에 걸쳐 정점에 달했다. 그 후에도 메이지 유신 때에 이르기까지 번교 설립의 열기는 이어졌다. 사숙이나 향교 등의 설립 추세도 이에 못지않았다. 사무라이들과 그 자제들은 번교, 사숙, 스터디 그룹〔勉強會〕 등 각종 교육, 학습 기관에 다니면서 학문을 익히고 인맥을 만들어 나갔다.[2] 이런 학습의 장에서 주요 텍스트는 유학, 그중에서도 주자학 관련 서적이었으며, 자연스럽게 당대의 문제와 정책 관련 토론이 광범하게 행해졌다. 당국은 이런 동향을 제어하고자 시도하기도 했으나, 내외의 위기가 점점 커짐에 따라 그런 흐름은 오히려 강해졌다. 리(吏)에 불과했던 사무라이들이 학습의 장을 발판으로 국가 대사(즉 번정(藩政). 도쿠가와 시대에 국가는 번을 가리키는 말이었다.), 나아가 천하 대사(일본 전체)를 논의하며 점점 사(士)가 되어 갔던 것이다.

　이런 흐름은 결국 사무라이의 정치화를 촉진했다. 유학을 배우고 학습의 장을 통해 인적 네트워크를 갖게 된 일반 사무라이들은 정치 문제에 대해 발언하고 정치투쟁에 간여하기 시작했다. '정치의 동결'이 해빙되기 시작한 것이다.[3] 그들이 폭발적으로 정치적 행동에 나서게 된 것은 대외 위기의식이 고조되었을 때지만, 그 전에도 이전에 없던 정치 갈등이 각 번에서 벌어졌다. 흔히 메이지 유신은 하급 사무라이 계층의 대두로 이루어졌다고 하는데, 이 정치 현상은 달리 보면 리(吏)에 불과했던 사무라이들이 대거 사화되는 과정이었던 것이다. 무시 못할 수의 사무라이들이 더 이상 리(吏)이기를 그만두고 그중 많은 수가 사(士)로 자임하는 현상, 이를 통해 이미 막말기의 '정치 열풍'은 준비되고 있었다고 할 수 있을 것이다.

　누차 언급해 온 것처럼, 더구나 이들은 도시(조카마치)에 집단 거주하고 있었다. 조카마치는 신분에 따라, 또 사무라이 신분 내에서도 계층에 따라 거주 구역이 정해져 있었다. 따라서 하급 사무라이들은 동일 지역에 함께 거주하고, 함께 학습하고, 함께 무술을 연마했다.

　　　　　　　　　　'사화±化'하는 사무라이와 메이지 유신

그냥 사화(土化)된 것이 아니라 집단적으로 사화가 이루어진 것이었고, 이것이 리(吏)의 사화를 더욱 촉진했을 것이다. 막말기의 정치 소요는 결국 이 리(吏)의 집단적 사화가 촉발한 것이었다. 리(吏)뿐만이 아니라 민(民)의 사화 역시 또 하나의 중요한 움직임이었다. 일본사에서 흔히 말하는 초망(草莽: 민중이라는 뜻)의 정치 참여이다. 이처럼 리민(吏民) 양측에서 공급된 다량의 사(土)층의 출현이야말로 막말 정치 격동의 핵심이라고 할 수 있다.

그런데 이들의 사(土) 의식이 강렬해지면 강렬해질수록 사무라이 사회의 복잡한 서열, 신분제와 갈등을 일으키게 되었다. 사(土)와 대부(大夫) 사이에도 위계가 있고 사(土)에도 상하가 없는 것은 아니나, 천하 국가를 우려한다는 점에서 그 차이는 축소·해소될 가능성이 있었다. 막말 정치사는 사 의식의 일반화가 기존 신분, 서열 질서와 갈등하고 충돌을 일으키는 역사이기도 했다.

이 사화된 사무라이들은 사대부적 정치 문화를 수용하여 병영 국가적 요소를 갖고 있는 막번 체제를 흔들었다. 막번 체제의 근간은 월소(越訴: 직속상관을 뛰어넘어 그 윗선에 곧바로 의견을 표명하는 것)와 도당(徒黨)의 금지이다. 상서는 월소의 금지를, 당파는 도당의 금지를 무력화했다. 리(吏)의 사화는 가신단 내의 엄격한 서열을 뒤흔들었다. 상, 하급 사무라이의 구분은 이를 대신한 사대부라는 인식의 확산 앞에 과거와 같은 엄격한 준별 기능이 약화되어 갔다.

물론 그렇다고 해서 이 시기 사무라이들이 명이나 조선의 사대부와 똑같은 수준의 존재가 되었다거나 일본에 조선이나 명보다도 농도가 짙은 사대부적 정치 문화가 존재했다는 것은 아니다. 19세기 전반에 등장하여 정계를 석권한 이 '칼 찬 사대부'들은 여러 가지 점에서 명이나 조선의 사대부와는 성격이 달랐다.[4] 필자는 막말의 사무라이가 조선이나 중국의 사대부 같은 존재가 '되었다'고 주장하려는 것이 아니다. 다만 원래 사대부와는 인연이 먼 군인이어야 할 사무라이가 부분적이기는 하더라도 사대부화'되어 가고 있던' 측면, 그리고 그것이 병영국가인 막번 체제에 가한 극적인 변화에 주목하고자 하는 것이다.

사대부적 정치 문화에 대해서도 마찬가지이다. 필자의 주장은 이 시기 일본에 사대부적 정치 문화가 '확립되었다'는 것이 아니라, 그것과 거리가 멀었던 막번 체제 및 사무라이 사회에 그것이 급격히 침투하여 '커다란 동요와 변용이 생기기 시작한 지점과 과정'이 중요하다는 것이다. 이 시기 사대부적 정치 문화는 어디까지나 신흥 세력이었고 도전자였다.

다음에서는 이들이 사대부적 정치 문화를 활용하면서 정치투쟁에 나서는 모습을 그것의 주요 지표인 '학적(學的) 네트워크'의 활성화, 그에 기반을 둔 당파 및 당쟁의 빈발, 학당의 출현, 상서의 활성화와 정치화, 군주 친정의 요구와 실현 등의 순서로 상세히 살펴보자.

'사화±化'하는 사무라이와 메이지 유신

2. 학적(學的) 네트워크와 학당(學黨)의 출현

당파와 당쟁의 등장

사대부적 정치 문화의 대표적인 요소는 '학적(學的) 네트워크'에 기반한 당쟁인데, 이 시기 사무라이 사회에 등장했다. 동아시아에서 당쟁은 전통적으로 부정적으로 인식되었다. 하물며 군사 조직인 사무라이 사회에서 당파가 있어서는 안 되었다. '도당(徒黨)의 결성'은 도쿠가와 시대 최대의 금기 사항 중 하나였다. 이는 여러 개의 당파로 나뉘어 공공연히 정치투쟁을 일삼았던 조선 양반들과 매우 대조적이다.

그러나 19세기 들어 사무라이 사회에도 당파가 생기기 시작했다. 본래 군사 조직인 구미(組), 혹은 반(番)에 소속되어 상하 명령 계통에 복종해야만 하는 사무라이들이 당파에 복종하여 행동하기 시작한 것이다. 이들은 상대방을 '속론당(俗論黨)'이라고 경멸하고 자신들을 '정의당(正義黨)'이라고 일컬었다. 당쟁이 시작된 것이다. 이런 현상은 정도의 차는 있지만 미토 번, 조슈 번, 사쓰마 번, 구마모토 번, 에치젠 번 등 여러 지역에서 공통적으로 나타났다.

19세기에 들어서면 재미있게도 동아시아 3국 가운데 일본에서 가장 당파와 당쟁에 대해 우려하는 목소리가 컸다. 그만큼 당파 대립이 정치를 좌우하게 되었던 것이다. 명나라의 당파 정치를 처절하게 제거하면서 등장한 청은 집권 기간 내내 당파에 대해 경계심을 늦추지 않았다. 이 때문에 19세기 전반까지도 청의 정치에 당파가 끼치는 영향은 미미했다. '당쟁 왕국' 조선에서도 18세기 영조, 정조의 탕평책으로 당쟁은 많이 수그러들었다. 정조는 당쟁을 억누르고 현명한 국왕의 강력한 리더십으로 정치를 이끌려고 했었겠지만, 그가 급사한 후 위축된 정계를 장악한 것은 몇몇 가문의 세도정치였다. 당쟁의 활력이 약해진 정계에 등장한 이 몇 개 가문의 과두 지배 세력은 당파 정치, 상서, 공론을 억누르며 독재정치를 행했다. '상서와 당쟁의 왕국'답게 조선 정치에서는 여전히 그 영향력이 남아 있었지만, 당시 일본 정치에서 이것들이 보여 준 활력에 비한다면 현저히 위축되어 있었다.

반면에 일본에서는 당파 정치가 일본 역사상 가장 광범위하게, 가장 활력 있게, 그리고 가장 빠른 속도로 영향력을 키워 가고 있었다. 19세기 전반을 기준으로 할 때, 조선이나 청에서 사대부적 정치문화의 비중이 절대적인 면에서는 여전히 높았겠지만, 그 성장 속도, 확산 추세는 단연 사무라이 사회 일본이 압도적이었다고 할 수 있다. 19세기 일본 사회의 저 드라마틱한 변화는 바로 이런 사대부적 정치문화의 고도성장 속에서 이뤄진 것이다.

이런 사무라이의 당파 정치는 앞에서 소개한 '학적 네트워크'를 그 기반으로 한 것이었다. 번교, 사숙, 향교 등 18세기 말부터 급증하기 시작한 학교, 또 사무라이 사회나 상층 민중 사회에 광범하게 존재했던 각종 연구회 등이 그것이다. 물론 그들은 여전히 무예 연마를 위해 무도장을 다녔고, 이곳 역시 그들이 네트워크를 형성하는 데 중요한 역할을 했지만, '학적 네트워크'는 '무예 네트워크'보다 점점 중요

'사화±化'하는 사무라이와 메이지 유신

해졌다. 이를 학파라고 표현하지 않고 굳이 '학적 네트워크'라는 신조어를 만든 것은 조선의 학파가 정연한 이론 체계와 누대에 걸친 학문적 사승(師承) 관계에 따라 상호 배타적이었던 데 비해, 일본의 경우는 학문적 이론 체계에 따른 구별도 약했고, 누대에 걸친 학문적 계보도 갖추고 있지 않았기 때문이다. 따라서 학적 네트워크는 학파보다 훨씬 유연하며 상호 중복적이고 배타성도 현저히 낮았다. 이것은 학적 네트워크를 기반으로 당쟁이 발생하면서도 조선의 환국 정치와 같이 상대를 절멸시키는 파국으로 치닫지 않게 된 주요 원인이 되었다.

학적 네트워크가 정치와 깊은 관련을 맺는 것은 사대부적 정치 문화의 가장 큰 특징 중 하나일 것이다. 물론 모든 학적 네트워크가 정치화되는 것은 아니었다. 정부 측도 일반 사무라이들의 학문 학습을 권장하면서도 이것이 정치화되는 것은 강력하게 규제하였다. 그러나 그중 일부는 정치 토론을 일삼으며 그룹을 형성하여 점점 정치에 대해 발언하고 권력투쟁에 끼어들었다. 이처럼 정치화된 학적 네트워크를 당시 사람들은 '학당(學黨)'이라고 불렀다. 본래 전사(戰士)들인 사무라이들이 형식적으로는 군제상의 상사에게 속하면서도 정치적으로는 학당을 중심으로 '당인(黨人)'으로 행동하는 현상이 나타나기 시작한 것이다. 이 경우 학문적 스승이 네트워크의 중심이 되고 성원들에게 리더십을 갖게 된다.

이 학당에 참여한 일반 사무라이들은 더 이상 단순한 병사도 서리도 아니었다. 이들은 스스로를 천하 대사를 책임져야 하는 사(士)로 자리 매김하였고 적극적으로 정치에 뛰어들었다. 19세기에 급격하게 증가한 사무라이의 정치 참여는 이를 배경으로 하고 있었다. 한편 학적 네트워크와 학당에서는 기본적으로 학문 능력이 중시되었기 때문에 기존의 엄격한 신분 서열이 약화되었다. 일종의 능력주의가 작동하고 있었던 것이다. 이 때문에 신분은 낮으나 우수하고 능력 있는 사무라이들이 대거 여기에 투신했고, 그들이 강력한 정치 운동을 전개해 나갔다. 그럼 학적 네트워크와 학당의 구체적인 사례들을 살펴보자.

각 번의 학당과 당쟁

가장 유명한 것은 미토 번의 경우이다. 미토 번은 일본에서는 거의 유일하게 학파라는 말을 쓸 수 있을 정도로 누대에 걸친 학문적 대립 관계가 있었고, 상호 배타성도 심각했다. 이 번에서는 막부 초기 2대 번주 도쿠가와 미쓰쿠니 때부터 유학을 장려했는데, 이후 미토 번은 자타가 공인하는 학문의 번으로 명성을 날렸다. 많은 지식인들은 미토 번의 유학자들과 교류하길 바랐으며, 미토 번이 소장하고 있는 서책을 빌려 보려 애썼다. 막말기 미토 번이 유학의 변종인 미토학(水戶學)을 만들어 내고, 이로 인해 전국 지사(志士)들의 선망의 대상이 될 수 있었던 것도 이 때문이었다.

미토 번에서 학파의 대립이 본격적으로 나타난 것은 1790년대부터이다. 미토 번은 기전체(紀傳體) 역사서인 『대일본사』를 막부 초기부터 편찬해 오다가 재정난 등으로 중단하고 있었다. 이 편찬 사업이 이때 다시 시작되었는데, 편찬 방침을 둘러싸고 학자들 사이에 분쟁이 발생했다. 다치하라파(立原派, 다치하라 스이켄(立原翠軒)이 중심)와 후지타파(藤田派, 후지타 유코쿠(藤田幽谷)가 중심)의 다툼이 그것이다. 이 싸움은 순수하게 역사 편찬을 둘러싼 것이라기보다는 정치적인 것이었다. 원래 다치하라의 제자였던 후지타는 야심만만한 젊은이였다. 그는 학자가 얌전히 공부만 하는 것도, 학문이 정치에 대해 적극적으로 발언하지 않는 것도 모두 못마땅했다. 그는 스승 다치하라를 공격하여 번주의 신임을 얻은 후, 자기를 추종하는 자들을 규합하여 적극적으로 정치 활동에 나섰다.

이 후지타파는 이후 미토학이라는 새로운 학문 체계를 수립하여 하나의 학파를 형성해 갔고, 정통 주자학을 추종하는 사람들이 이를 비판하며 그 반대파에 결집했다. 그 후 미토 번에서는 메이지 유신 발발 때까지 학파에 기반을 둔 당파 싸움이 격렬하게 진행되었고, 결국 내전에 의해 자멸에 이르렀다. 조선의 환국 정치와 같은 현상이 발생했던 것이다. 그 당쟁이 얼마나 심했던지 당시 사람들은 당쟁을 경계할 때 '스이도쿠(水毒: 미토의 폐해)'라는 표현을 쓰기까지 했다.

미토 번의 학파 대립과 당쟁은 주로 역사 편찬 기관인 창고관 또는 사숙, 향교, 연구회 등을 기반으로 전개되다가, 1841년 번교인 홍도관(弘道館)이 개교하자 이곳이 주요 무대가 되었다. 먼저 사숙의 상황을 살펴보자. 각 학파의 주요 학자들은 미토 번의 조카마치에 사숙을 열어 학생들을 가르쳤다. 아이자와 야스시의 남가숙(南街塾), 후지타 도코(藤田東湖)의 청아사(菁我社), 아오야마가(靑山家)의 가숙(家塾) 등이 그 예이다. 같은 학파의 사숙 선생들과 주요 인사들은 때때로 함께 모여 회독(會讀)을 열었다. 회독은 『사기(史記)』, 『한서(漢書)』 등 중국의 경서, 역사서 등을 텍스트로 해서, 함께 강독하고 토론하는 모임이었다. 회독에서는 자연스럽게 정치 이슈가 화제에 올랐고, 이에 대한 열띤 토론이 오갔다. 이런 모임을 통해서 학적 네트워크가 점점 정치 네트워크로 변해 갔다. 회독이라는 독특한 학습 방법은 학적 네트워크가 정치화하는 데 큰 영향을 끼쳤다.[5]

향교도 후지타파의 주요 거점이었다. 미토 번에는 19세기 중엽까지 15개의 향교가 설립되었다. 향교에는 각 지역의 중상층 농민과 의사, 그리고 신관 같은 종교와 관련된 사람들이 출석하였다. 후지타파의 고리부교(郡奉行: 지방 관리)들은 향교의 건립 과정, 운영, 교육과정 등을 통해 정치적으로 그들을 끌어들였다. 후지타파가 지지하는 번주 도쿠가와 나리아키가 정치적으로 위기에 처할 때마다 미토 번에서는 사무라이뿐 아니라 지방 민중들이 대거 에도로 몰려와 항의하는 소동이 벌어지곤 했는데, 이때 지방민들을 동원한 것이 향교 세력이었다. 급기야 1864년에 발발한 내전 때, 향교는 후지타파의 군사적거점이 되어 격렬한 전투의 현장이 되곤 하였다.

번교 홍도관도 개교 이후로 격렬한 당쟁의 소용돌이에 휘말렸다. 이곳 역시 후지타파와 번교 주류파들이 번정(藩政)과 번교의 주도권을 놓고 대립했다. 결국에는 내전 시 총탄이 난무하는 전쟁터가 되어, 지금도 미토 시에 남아 있는 홍도관 건물에는 여기저기 총탄 자국이 선명히 남아 있다.

이처럼 유교와 학문이 일본에서 가장 번성했던 미토 번은 동시에 당쟁의 대명사이기도 했다. 이것은 일찍 발달한 학파가 상대방과의

'사화士化'하는 사무라이와 메이지 유신

공존을 인정하지 않는 싸움(all or nothing game)을 전개했기 때문이었다.

학적 네트워크가 광범하게 퍼지고 이를 통해 사무라이들이 학당을 형성하여 당쟁을 벌이는 현상은 미토 번에서만 볼 수 있는 것은 아니었고, 메이지 유신 과정에서 중요한 역할을 한 번들 대부분에서 확인할 수 있는 것이었다. 반막부파의 핵심으로 가장 왕성한 정치 활동을 벌였던 조슈 번에서도 학적 네트워크와 학당의 출현, 그리고 거기서 당쟁이 발생한 현상을 쉽게 확인할 수 있다.

막말기 조슈 번에서 중요한 역할을 했던 이른바 스후파(周布派)는 애초에 번교 명륜관(明倫館)의 연구회에서 시작되었다.[6] 명륜관 학생 중에 명륜관의 훈고학적인 교육 방침에 만족하지 못했던 스후 마사노스케(周布政之助)를 중심으로 한 몇몇 사무라이들이 앵명사(嚶鳴社)라는 독서회를 결성하였던 것이다. 이들은 여기서 역사서를 중심으로 학술 토의를 하였고, 이것이 점점 시사 문제에 대한 정치 토론으로 이어졌다.

미토 번에서도 마찬가지였지만 조슈 번에서도 당파 형성과 관련하여 빼놓을 수 없는 것이 사숙의 역할이었다. 조슈 번에는 100여 개의 사숙이 있었다. 이 사숙들은 존왕양이와 관련된 교육을 하면서 학생들을 고무했다. 대표적인 곳이 승려 겟쇼(月性)가 세운 시습관(時習館)이다. 중요한 것은 이 시습관이 조카마치에 있던 요시다 쇼인의 송하촌숙(松下村塾)과 깊은 교류를 했다는 것이다. 겟쇼와 쇼인의 교류는 물론이고, 학생들도 서로 왕래하며 상대방의 강의를 청강하였다. 이들 사이에 인적 네트워크가 형성되었을 것은 쉽게 짐작할 수 있다.

시습관과 송하촌숙 사이의 교류 이외에도 번 내 사숙 간의 교류는 여러 곳에서 확인할 수 있다.

이처럼 학적 네트워크가 형성되고 그것이 정치화됨에 따라 이들 사이에 갈등이 벌어졌다. 1858년 이후 벌어진 조슈 번의 번 내 대립은 스후를 중심으로 한 명륜관 그룹과 쇼인의 제자들을 중심으로 한 송하촌숙 그룹 간의 대결이었다. 송하촌숙 출신자들은 쇼인이 죽은 이후에도 결속을 강화하여 1860년대에는 미타테구미(御楯組)라는 정치결사 조직을 만들었다.

조슈의 내전과 막부와의 전투에서 활약한 군사 조직인 제대(諸隊)도 흥미롭게도 사숙과 향교가 그 기반이었다. 마치 임진왜란 때 지방 유생들의 교육 조직이 의병의 모태가 되었던 것처럼, 막부가 조슈를 정벌하려 했을 때 이들 교육기관이 군사 조직으로 전환된 것이다. 그래서 많은 경우 사숙이나 향교의 교사가 제대의 간부가 되었다. 또 제대는 군사 활동 중에도 교육소를 설치하여 유학 경전 등을 학습했다. 이 같은 현상은 위에서 서술한 대로 미토의 내전에서도 확인할 수 있다. 사족을 붙이자면 이 같은 막말기 당파의 특징은 메이지 초기 정치결사(政社)들에도 계승되었다. 이 정치결사들은 그 안에 교육기관을 설치하는 경우가 많았으며, 또 군사적 위기 시에는 조슈 번의 제대처럼 의용군으로 변화하기도 하였다.(이와 관련된 그 밖의 번들의 구체적인 사례는 필자가 쓴 논문을 참조하기 바란다.[7])

'사화±化'하는 사무라이와 메이지 유신

당쟁에 대한 우려

　이처럼 기존의 결합 단위인 군사 조직보다는 학적 네트워크의 리더를 중심으로 당파가 형성되어 당쟁이 발생하기 시작하자 많은 사람들이 이를 크게 우려했다. 당쟁에 대한 탄식은 조선에만 있었던 것이 아니다. 적어도 19세기에는 당쟁에 대한 우려의 목소리가 일본 쪽이 더 높았다.

> 미토에 타치하라, 후지타 학파가 있어, 그 여독(餘毒)이 지금에도 끊이질 않는다. …… 양설(兩說)의 옳고 그름은 어떻든 간에, 말류(末流)의 제자들에 이르러 당을 세우고 서로 싸우게 된 것은, 실로 작디작은 것을 놓고 다투는 것과 같아 매우 부끄러운 일이다.[8]

> 붕당은 군주가 총명하지 못한 데서 일어나며 국가에 큰 해악이 되는 것으로, 이전 강의에서 가장 중요시했던 것입니다. 지금 당장은 로주나 여러 역인들[諸有司]이 화합하고 있는 것으로 보이지만, 방심하시면 오늘에라도 (붕당은) 일어날 수 있을 것입니다.[9]

　마치 조선조의 지식인이 했을 법한 이 발언들은 당시 일본에서 전국적인 명성을 갖고 있던 인물들이 한 것이다. 이런 유의 우려는 일일이 다 소개할 수 없을 정도로 많았다. 이처럼 많은 지식인들이 당파와 당쟁의 폐해를 이구동성으로 우려하고 있었다는 것은 그만큼 당시 일본 사회에 이것들이 만연해 있거나 적어도 그럴 조짐이 매우 뚜렷하게 보이는 현상들이 생겨나고 있었다는 것을 의미한다. 이들은 주로 중국 한대 당고의 화(黨錮의 禍)[10]나 송대에 발생한 신법당(新法黨)과 구법당(舊法黨)의 당쟁[11]을 예로 들어가며 우려했다. 유교적 정치 모델을 취하고 있던 곳에서나 있음 직한 우려가, 이제 이들에게는 현실의 문제가 되어 가고 있었던 것이다. 일본 역사에서 이런 식의 '붕당 우려'를 그 어느 시기에 달리 볼 수 있었던가?

막말기의 당파 정치와
근대적 정당정치

잠시 막말기를 벗어나 이러한 당파 정치의 등장이 그 후 메이지 전기의 정당정치에 어떤 영향을 미쳤는가를 생각해 보기로 하자. 메이지 시대 전기, 즉 1870년대부터 1880년대에 걸쳐 일본에서는 정치결사체가 우후죽순처럼 생겨났다. 이들은 자유 민권 운동(自由民權運動)의 주축 세력이 되어 활약했고, 근대적인 정당으로 탈바꿈해 1890년대에 의회가 개설되자 의회를 장악하여 메이지 정부와 혈투를 벌였다. 지금까지의 연구에서는 이런 흐름을 주로 서양 정치제도와 정치사상의 영향으로만 설명해 왔다. 그러나 위에서 언급한 대로 일본에서는 1830~1850년대부터 '정치 붐'이라고 부를 수 있을 만큼 수많은 정치 결사체가 탄생하여 많은 사람들을 정치의 소용돌이에 끌어들였다. 메이지 이후의 정당사는 이런 전사(前史)를 빼놓고는 설명하기 쉽지 않을 것이다.

앞에서 설명한 대로 같은 시기 '당쟁의 왕국' 조선이 세도정치

'사화±化'하는 사무라이와 메이지 유신

로 당파 활동이 현저히 위축된 것과 반대로 애초에 병영국가로 출발한 도쿠가와 시대 일본은 19세기에 당파와 당쟁이 활발해졌다. 전국적으로 엄청난 수의 학적 네트워크가 생겨(사무라이 사회에!), 유학 교육을 기반으로 사무라이들을 정치화했다. 이런 상황은 메이지 유신 때까지 대략 40년간 이어졌다. 당파 정치의 장기 지속은 인구의 7퍼센트에 달하는 사무라이들에게 지속적으로 정치 경험을 쌓게 했다. 물론 사무라이 전체가 정치에 참가했을 리는 없다. 하지만 사무라이 인구의 상당수가 지속적인 정치 경험을 한 것만은 특기할 필요가 있다.[12]

다시 말하면, 메이지 유신이 일어나기 전인 19세기 중엽의 수십 년 동안 일본에서는 당파 정치에 참여하여 정치조직과 정치투쟁을 경험한 상당수의 정치적 행위자들이 성장하고 있었던 것이다. 이 같은 정치 열기는 청일전쟁 후 캉유웨이(康有爲), 량치차오(梁啓超) 등을 중심으로 벌어진 청 말의 정치 운동보다 인구 대비로 볼 때 훨씬 많은 수의 정치 행위자들을 양산한 것이었으며, 신해혁명 후의 상황과 비견될 수 있을 정도였다고 본다.

유신 후 10여 년이라는 단기간 내에 수백 개의 정치결사가 생기고 이것을 기반으로 본격적인 정당이 생긴 것, 이 세력이 구 사무라이층뿐 아니라 지방 유력자들을 주요 기반으로 할 수 있었던 것, 또 예상 외로 메이지 정부의 강력한 도전자가 될 수 있었던 것 등은 서양 정치의 수용도 중요한 요인이겠지만, 이처럼 장기 지속적인 당파 정치를 경험한 수많은 정치 행위자들이 이미 존재하고 있었기 때문이었다고 할 수 있다.

3. 상서(上書)의
활성화와
정치적 역할

상서 시대의 도래

지금까지 서술한 대로 전국적으로 급격하게 확산된 학적 네트워크와 그에 기반을 둔 당파의 형성으로 지금껏 정치와 별 인연이 없었던 일반 사무라이들이 대거 정치 행동에 나섰다. 이때 이들이 정치 행동의 주요 수단으로 삼은 것이 바로 사대부적 정치 문화의 핵심 요소 중 하나인 상서이다.

사대부적 정치 문화가 활성화되었던 송대와 명 말 정치, 그리고 조선 정치에서 상서가 행한 정치적 역할에 대해서는 이미 널리 알려져 있다. 그에 반해 도쿠가와 시대의 정치에서는 전반적으로 상서의 역할이 아주 미미했다. 상서란 말할 것도 없이 유교 사회에서 흔히 사용되는 정치 참여의 수단이다. 조선왕조에서는 조정에 속해 있는 사람들이 아니라도 상서를 통하여 정치적 발언을 하는 것이 가능했다. 상서는 곧잘 권력투쟁의 도구로 사용될 정도로 정치적 영향력이 강했다. 상서를 할 수 있는 층도 광범위했다. 서울의 유력 지식인들은 물론, 서원 등에 결집한 지방 유생들도 중앙 정치에 대해 상서를 행했다. 심지어 성균관 등의 학생들도 상서를 통해 정치적 발언을 감행할 수 있었다.[13] 상서로 표현된 의견은 곧잘 '공론'으로 간주되어 왕을 비롯한 최상층 정책 결정자들을 압박하는 권위를 부여받곤 했다. 이 '공론'의 담당자들은

'사화土化'하는 사무라이와 메이지 유신

곧잘 '산림(山林)' 혹은 '사림(士林)' 등으로 표현되었는데, 이들은 일종의 현인 집단처럼 인식되어 조정의 정책 결정에 강력한 영향을 미칠 수 있었다. 조선왕조는 가히 '상서의 왕국'이라고 할 만했다.

도쿠가와 시대의 일본은 이와는 대조적이다. 막부든 번이든 정책 결정은 로주를 비롯한 좁은 범위의 역인들이 거의 전적으로 담당했고, 정부 바깥의 일반 사무라이들이 이에 발언하는 경우는 거의 없었다. 앞서 설명했듯 일반 사무라이들은 군제상 자신이 속한 조직의 업무에 충실할 것이 요구되었고, 자신의 의견을 표명하고자 할 때는 직속상사에게 하는 것이 관례였다. 이것을 어기면 '월소(越訴)의 금(禁)'에 해당되었다.

이를 다 제쳐 놓고서라도 우선 상서를 하기 위해서는 중국 고전과 중국, 일본 역사에 대한 해박한 지식과 그것을 이용해 자신의 주장을 훌륭한 문장으로 표현할 수 있는 능력을 갖고 있어야 했다. 그러나 전국시대의 피비린내가 아직 가시지 않은 도쿠가와 정권 초기는 물론 중기까지도 대다수의 사무라이들은 이런 능력은 고사하고 한문을 읽을 줄 아는 사람조차 그리 많지 않았으므로 당연히 상서 정치의 현상은 나타나지 않았다. 이때까지 사무라이들의 관심은 유학이나 역사 공부보다도 여전히 무예 연마였다. 그것들을 가르쳐 줄 학교도 보급되지 않았다. 사무라이들이 갈 무도장(武道場)은 있어도 학교는 잘 눈에 띄지 않았던 것이다.

그런데 앞에서 서술한 대로 18세기 후반부터 이런 상황에 변화가 생기기 시작했던 것이다. 유학 소양이 깊어지자 일반 사무라이들도 정치에 대한 관심과 참여 의욕이 커져 갔다. 유교 고전과 중국, 일본의 역사서들은 이들을 정치의 세계로 이끌었다. 학교에서 다년간 학습한 이들은 이제 상서를 쓸 수 있는 지적 능력을 갖추게 되었다. 때마침 불어 닥친 체제 위기감(1장에서 설명)은 이들의 정치 관심을 한껏 고무했다. 막부나 번의 재정은 이미 오사카나 에도의 대상인들에게서 빌린 막대한 돈 없이는 한시도 유지될 수 없는 지경이 되었다. 번들은 재정 지출을 줄이기 위해 사무라이들의 봉록을 삭감했다.(상지령(上知令)) 사무라이의 인건비를 먼저 줄인 것이다. 그에 반해 같은 도시에 살고 있는 상인들은 막대한 재산을 거머쥐고 눈앞에서 호사스러운 생활을 했다. 번 당국뿐 아니라 많은 사무라이들도 그들에게 빌려 쓴 돈이 있었기 때문에 그 앞에서 어깨를 펴지 못했다. 18세기 후반에 인구가 급증한 도시에는 광범한 룸펜층이 형성되었고, 이들은 전에 없던 폭력적인 난동을 부렸다.(우치코와시) 상품경제에 물든 농민들은 더욱 영리하게 조직적으로 잇키를 일으켰다. 이 모든 사태들을 보면서 일반 사무라이들은 뭔가 정치가 잘못 돌아가고 있다고 느꼈다. 이들은 학교에서 배운 유학 정치사상과 중국, 일본의 역사들에 비춰 현실 정치를 바라보고 토론했다. 이런 상황 속에서 사무라이들의 상서가 시작된 것이다.

사무라이 사회에는 엄격한 위계질서가 있었지만, 상서를 하는 데 상층·중층·하층 사무라이의 구별은 큰 의미가 없었다. 동료들 사이에서의 정치적·학문적 리더십과 상서를 작성할 수 있는 능력이 중요했다. 상서하는 사람은 학교·사숙의 리더로, 동료들을 대표해 상서를 하는 경우가 많았다. 이제 전투에서 공을 세우거나 무예가 뛰어난

'사화±化'하는 사무라이와 메이지 유신

사람보다 문인적 능력을 갖춘 자가 각광을 받는 시대가 도래하기 시작한 것이다.

위정자의 상서 장려

일본에서는 위정자가 상서를 장려한 측면이 강하다. 18세기 후반부터 각 번 정부들은 재정 위기와 사회문제에 대한 해결책을 제시할 것을 번사(藩士)들뿐 아니라 민중에게까지 요구했다. 이에 따라 일반 사무라이와 상층 영민(領民)들이 봇물같이 의견을 내놓았다. 애초에 상서 요구는 번이 직면하고 있는 문제들에 대한 기술적인 해결책을 제시하라는 것이었지만, 한번 인정받은 이들의 발언권은 다른 분야로까지 확대되었다. 정책과 인사에 대한 비판이 행해지더니 급기야 로주 등 번 정부 수뇌에 대한 비판과 때로는 번주에 대한 비판도 행해졌던 것이다. 이렇게 해서 일기 시작한 상서 붐은 유학적 정치사상에서 강한 정당성을 갖고 있었기 때문에 누구도 이를 노골적으로 억누를 수 없었다.

상서는 때로는 인재 발탁의 수단으로도 이용되었다. 일본은 과거제를 끝내 채용하지 않았기 때문에 신분 상승을 할 수 있는 통로가 제한되어 있었다. 그런데 상서가 활발해지면서 상서의 내용이 채택되는 데 그치지 않고, 상서 작성자를 특례 발탁하는 경우가 늘어났다.

19세기에 들어서 그런 현상은 더욱 확대되어 가히 '상서의 시대'라고 할 만한 상황이 되었다. 새로 취임한 번주는 으레 가신단에 의견을 구하는 것이 관례처럼 되어 갔고, 활발해진 상서는 때로는 권력투쟁에도 이용되었다. 정책을 역인 내부에서만 결정하는 것이 아니라 비록 형식적인 절차에 불과하다 하더라도 일반 번사에게 의견을 구하는 형식을 취할 수밖에 없는 상황으로 변화한 것은, 정책 결정 그룹에 참여할 수 없었던 일반 사무라이들에게는 정치적 발언을 할 수 있는 좋은 기회였다.

1853년 페리가 찾아와 개항을 요구했을 때 막부 로주 아베 마사히로는 종래의 관례를 깨고 모든 번주와 하타모토에게 개항 여부에 대한 의견을 담은 상서를 요구했다. 이것은 그 후 막부 정치에 도자마번, 신번 등의 세력이 간여하게 되는 중요한 계기가 되었다. 이 때문에 많은 연구자들은 왜 이때 아베가 '돌연' 이런 조치를 취했는가에 대해 의아하게 생각했다. 그러나 이런 '구언 정치(求言政治)'는 앞에서 본 것처럼 이미 18세기 후반부터 면면히 이어져 왔던 것이고, 아베의 조치는 그런 시대적 흐름 속에서 나왔다고 할 수 있다. 흔히 페리 내항 당시의 구언 정치가 많이 언급되고 있지만, 사실 아베는 1840년대 후반부터 대외 문제에 대해 역인 그룹 바깥의 정치 세력에게 구언을 하고 있었으며, 그 범위는 점점 확대되고 있었다.[14] 페리 내항 시의 조치는 그것을 전국적으로 확대한 것이었다고 할 수 있다.

미토 번의 상서 정치[15]

상서의 정치적 등장을 미토 번의 예를 통해 자세히 살펴보자. 앞에서 설명한 대로 미토 번은 고산케의 하나로 도쿠가와 시대 최고 가문 중의 하나였다. 전통적으로 유학을 비롯한 학문이 가장 번성한

'사화±化'하는 사무라이와 메이지 유신

번이었고, 위치도 고산케 세 가문 중 에도에 제일 가까웠으며, 미토 번의 다이묘는 참근교대를 하지 않고 에도에 줄곧 머물러도 되는 특혜를 입고 있었다. 따라서 미토 번의 움직임은 전국적으로 큰 영향을 미쳤다. 이런 번에서 1830년대 상서를 이용한 권력투쟁이 등장했다.

1829년 번주 후계 분쟁 끝에 도쿠가와 나리아키가 미토 번의 9대 번주로 취임했다. 후에 존왕양이의 지도자가 되며, 마지막 쇼군 도쿠가와 요시노부의 친아버지가 되는 사람이다. 후계 분쟁에서 나리아키를 밀었던 번 내 개혁파들은 그가 취임하면 금방 번정(藩政)이 일신될 것으로 기대했다. 그러나 나리아키의 입장에서는 오랫동안 번정을 장악해 왔던 문벌파(門閥派)의 존재를 무시하기 어려웠다. 나리아키는 문벌파의 거물들을 일부 해임하는 한편, 그들의 의향을 어느 정도 수용하여 1831년 개혁파의 몇몇 인사들도 좌천시켰다. 자신들의 세상이 되었다고 여긴 개혁파들은 이 뜻밖의 인사에 강하게 반발했다.

도쿠가와 시대의 번정에서, 인사는 어디까지나 번주와 정부(로주와 그 부속 기관)의 전권사항이었다. 개혁파는 정부에 자리를 잡고 있지 않았고, 고리부교(郡奉行)라는 지방 관직에 주로 포진해 있었다. 그런데 이 인사 조치에 반발하여 고리부교들이 상서를 통해 번주에게 인사 철회를 요구하고 문벌파 로주들의 파면을 요구하고 나섰다. 고리부교의 직무 범위를 벗어난 이런 행동에 대해 번주 나리아키는 엄중히 경고하고 자제를 당부했다. 그러나 개혁파의 리더 후지타 도코는 상서를 통해 이를 거부했다. 번주 나리아키에게 도코는 "앞으로도 직무에 관련된 일은 물론, 관련 없는 일이라도 조금도 거리낌 없이 말씀

드릴 것입니다."[16]라고 선언했다. 이제 개혁파 사무라이들은 스스로를 주어진 임무만 수행하는 일개 역인이 아니라 국가 대사(여기서 국가는 번) 전체를 책임져야 하는 존재로 규정한 것이다. 일개 사무라이를 넘어 천하 대사를 책임지는 사대부, 나아가 '지사(志士)' 탄생의 출발점이었다.

'공의 여론(公議輿論)'의 형성

상서가 정치적으로 중요한 역할을 하게 된 곳은 미토 번만이 아니었다. 조슈 번, 사쓰마 번 등 막말 정국을 좌우했던 주요 번들은 물론 대부분의 번들에서 상서가 활성화되었다. 또 에도에서도 유력 다이묘들이 막부에 상서를 올려 정치적 견해를 피력하고 막부 정책을 비판하는 일도 다반사가 되어 갔다. 특히 1850년대 후반이 되면 교토의 조정에서도 상서 정치가 시작되었다. 막부의 미일통상조약 체결에 반대하는 양이파는 교토에 잠입해 조정을 움직이려 했다. 그러나 조정은 전통적으로 막부의 엄격한 통제 하에 있었을 뿐 아니라 위계 서열이 엄해 일개 활동가가 조정 공경들에게 접근하기란 매우 어려웠다. 이때 이용된 것이 상서이다. 그들은 상서를 써서 이를 유력 공경의 가신들에게 맡겨 자신의 의견이 조정에 전달되도록 했던 것이다. 이에 대해 유력 공경들은 밀서로 답하기도 했다. 일개 활동가가 조정 공경과 정치적 커뮤니케이션을 하는 일이 벌어지기 시작한 것이다.

이렇게 해서 1850년대, 1860년대가 되면 전국적으로 상서가 난무하는 현상이 벌어졌다. 유력 다이묘에서부터 하급 사무라이, 심지어는 상층 민중에 이르기까지 정치 문제를 언급하는 상서를 수도 없이 올렸고, 이것들이 정치 여론을 형성했다. 사람들은 이를 '공의 여론(公議輿論)', '중의(衆議)', '중론(衆論)', '공론(公論)' 등으로 불렀다. 자신의 정치적 주장의 정당성을 말할 때 늘 자신의 의견이 공의 여론에 입각해 있음을 표현하는 어법이 일상화되었다. 이제 어느 세력도 공론을 공공연하게 거부하지 못하게 된 것이다. 막부 권력을 유지하려 했던 마지막 쇼군 도쿠가와 요시노부의 대정봉환 상표문(大政奉還上表文)도, 그 막부를 타도한 왕정복고 대호령(王政復古大號令)도 자신의 행동이 '천하의 공론'에 의거하고 있음을 밝힌 것도 그런 연유에서였다.[17]

조선의 언관 제도와의 비교

이상 19세기에 들어와 사무라이들이 적극적으로 상서를 행한 모습을 살펴보았다. 상서는 정부 바깥에서 정부를 비판하는 것이기도 하지만, 정부 내에도 상서를 통해 군주나 정책 결정권자들을 비판·감시하는 제도가 있었다. 바로 언관이다. 유교 정치체제에서는 대체로 언관 기구가 설치되어 있었다. 명대에는 과도관(科道官)이 있었고, 청대에는 비록 그 역할은 과도관에 비해 약했지만 도찰원(都察院)이라는 언관 기구가 존재했다. 그러나 중국보다 언관 기능이 활성화되었던 것은 조선왕조일 것이다. 조선왕조의 정부에는 홍문관, 사간원, 사헌부 등 이른바 삼사라는 강력한 언관 기구가 존재했다. 삼사는 국왕과 정부(의정부, 비변사)를 가차 없이 비판·견제하였는데 그 권한은 세계사적으로 보아도 두드러진 것이었다.

삼사 중에서도 홍문관은 누구나 선망하는 관직으로, 막강한 권한을 갖고 있었던 이조전랑(吏曹銓郞)으로 승진할 수 있는 자리였다.[18] 이들은 경연(經筵)에 참가하여 경서 강의에 빗대 국왕을 비판하기도 하였다. 국왕과의 학습의 장인 경연은 정치를 비판하는 데 아주 중요했다. 경연은 성현의 사상, 역대 중국 왕조의 고사, 선왕의 업적 등에 대해 군신 간에 토론을 행하고 그 과정에서 현실 정치의 여러 문제를 비판하는 장이었기 때문이다. 때로는 사림 중에 명망 있는 선비가 경연에 참가하는 경우도 있었다. 사간원과 사헌부는 상서를 통하여 국왕 및 정부 정책을 기탄없이 비판할 수 있었고, 피혐권(避嫌權), 서경권(署經權: 정5품 이하 관직에 대한 임명 동의권) 등 강력한 권한을 보유하고 있었다. 이들 삼사에는 학식, 덕망, 집안 배경 등을 두루 갖춘 인재들이 배치되었기 때문에 사회적 위신도 높았다.

주목할 것은 이 삼사가 이조전랑과 깊은 관계를 갖고 있었다는 점이다. 이조전랑은 이조(吏曹)에 속한 정5품, 정6품의 하위관직에 불과했지만 인사권을 행사할 뿐 아니라 자신의 후임을 스스로 추천할 수 있는 이조전랑 자천제(吏曹銓郞自薦制)가 확립되어 있어서 그 권한은 이조판서에 못지않았다. 이 이조전랑과 삼사 사이에는 인사이동을 포함하여 깊은 관계가 있었고, 이들은 결속하여 자신들의 주장을 공론으로 내세워 강력한 정치력을 발휘했다. "일국의 공론은 대각(臺閣: 언관)에 있다."라고 한 것은 이런 상황을 가리킨 것이다. 이중환(李重煥)이 『택리지(擇里志)』에서 지적한 대로 그들의 권력은 삼공육경(三公六卿)과 대등할 정도였고, 경우에 따라서는 삼공육경이 그들에게 끌려

'사화±化'하는 사무라이와 메이지 유신

다니는 경우도 적지 않았다. 과거에 합격한 명문가의 청년 정치가들을 언관에 배치하고 이들로 하여금 마음 놓고 국왕과 정부를 비판하게 한 것, 그리고 이들이 재야의 사림과 연계되어 그들의 여론을 적극적으로 정부에 반영하려고 한 것, 이것이 조선왕조 언관 제도의 상황이었다.

도쿠가와 시대 언관의 부재

이에 비해 도쿠가와 막부의 정치제도에 언관은 존재하지 않았다. 번 정부에서도 마찬가지였다. 이 같은 사실은 상서가 발달하지 않았던 것과 함께 도쿠가와 시대 정치에서 언론의 비중이 매우 작았음을 보여 주는 것이다.

흔히 막부의 메쓰케(目付)를 언관과 비슷한 기구로 보기도 한다.[19] 그러나 메쓰케는 주군 명령의 전달과 지방 순찰·파견, 역인 감시 등이 주 업무였지, 다이묘, 로주를 비판하거나 정부 바깥의 여론을 전달하는 역할은 거의 하지 않았다. 특히 쇼군이나 다이묘에 대한 비판은 거의 찾아볼 수 없는데, 이는 국왕에 대해 민망할 정도의 비판을 해 댔던 조선 언관과 매우 대조적이다.

쇼군에 대한 비판은 없었던 데 반해 번 다이묘에 대한 간언(諫言)은 있었는데, 그 담당자는 메쓰케가 아니라 가로(家老)였다. 가로는 번 최상층부를 구성하는 자들로 보통은 4~5명, 많아야 10명을 넘지 않았다. 가로 외의 사람이 간언하는 것은 관례에 어긋나는 것이었다. 게다가 조선의 삼사가 간언을 일상적으로 '해야만 했던' 관직이었던 데 비해, 가로의 간언은 아주 특별한 사항이 아니면 쉽게 행해질 수 없는 것이었다. 또 삼사가 사림을 비롯한 정부 바깥의 여론을 의식하면서 이를 반영하려는 것이었던 데 비해 가로의 간언에 대한 여론의 영향은 매우 제한적이었다.

이처럼 막부나 번의 정치조직 내에는 언관 기능을 하는 기구가 없었고, 번에서는 가로가 번주에게 간언하는 일은 허용되었으나 매우 드물었다. 번주의 행위와 번정(藩政) 일반에 대해 비판하는 언관 기구는 거의 없었다고 할 수 있다.

사무라이 사회에 언관을!

그런데 흥미롭게도 19세기 중반에 언관의 필요성을 주장하는 이들이 등장했다. 당시 전국적인 영향력을 갖고 있었던 개혁가들이 메쓰케를 제대로 된 언관으로 개조할 것을 촉구한 것이다. 먼저 요시다 쇼인의 주장을 들어 보자.

세 번째로 메쓰케는 자주 어전에 부르시어 정도(政道)의 득실, 로주 이하 역인의 잘잘못을 간언하도록 하셔야 합니다. …… 정부가 싫어하는 것도 메쓰케이며, 또한 번주의 이목을 트이게 하는 것도 메쓰케입니다. …… 네 번째로, 불법을 규탄하는 것을 게을리하지 말아야 한다는 점을 어전에 부르실 때마다 직접 (메쓰케에게) 타이르시기 바랍니다. 속히 불법을 규탄하는 일을 시작하지 않고서는 모든 명령은 모두 공문(空文)이 될 것입니다. 번의 명령이 모두 공

'사화士化'하는 사무라이와 메이지 유신

문이 되어서는 국정은 없는 것이니 안타까운 일입니다.[20]

먼저 쇼인은 메쓰케가 어전에서 직접 로주 등 정책 결정자들을 비판할 수 있도록 해야 한다고 주장했다. 당시 거의 대부분의 번에서 메쓰케가 번주를 단독으로 만나는 일은 없었으며, 막부에서는 더 말할 나위가 없었다. 메쓰케가 상서 등을 통해 번주에게 정부의 실정이나 비리를 고발하는 일도 거의 없었다. 쇼인은 메쓰케에는 정부와 긴장 관계를 유지할 수 있는 강직한 인물이 필요함을 역설했다. 이는 조선의 언관에게 요구되던 인성과 같은 것이었다. 이어서 메쓰케가 사회의 불법, 비리를 감시하여 이를 규탄해야 한다고도 했다. 또한 번의 명령을 무시하고 자행되는 불법에 대해서도 메쓰케가 규탄하여 바로잡아야만 번 명령의 권위가 설 것이라고 지적했다. 흥미로운 것은, 위 사료에는 나와 있지 않지만, 쇼인이 막부의 예를 언급하며 메쓰케가 정부의 회의에도 자주 참석해야 한다고 하고 있는 것인데, 이는 조선의 언관들이 비변사 회의에 자주 참여했던 것을 떠올리게 한다.

쇼인의 구상은 실로 중국이나 조선에서의 언관의 역할을 방불케 하는 것인데, 실제로 메쓰케 개혁의 근거를 중국 정치제도에서 구하고 있다. "한토(漢土: 중국)에서도 한나라 이래로 간대부(諫大夫), 간의대부(諫議大夫), 어사대부(御史大夫) 등의 직책이 있어서 재상에 대해서도 군주에 대해서도 간언하고 규탄했으므로 메쓰케 개혁은 반드시 행하셔야 합니다."[21]라는 발언이 그것이다. 여기서 주목되는 것은 메쓰케가 군주에게도 간언하고 규탄해야 한다는 것을 명시한 점이다.

위에서 언급한 대로 군주에 대한 간언권은 가로에게만 부여되는 것이 관례였다. 쇼인은 메쓰케를 언관화함으로써 군주에 대한 간언을 보다 효과적으로 만들려고 했다. 막부나 번의 정치기구 중에서 메쓰케는 그나마 정부와 바깥의 통로 역할을 할 수 있는 직책이었다. 많은 번에서 상서는 우선 메쓰케에게 접수되도록 한 것을 보면 알 수 있다. 이런 메쓰케에게 군주에 대한 간언권을 부여한다는 것은 그만큼 정부 밖의 여론을 군주에게 전달하는 것을 용이하게 할 수 있는 것이었다.

메쓰케의 언관화를 주장한 또 하나의 예를 보자. 당시 존왕양이론을 대표하는 이론가, 정치가로 전국적인 명성을 얻고 있던 미토 번의 후지타 도코의 발언이다. 지금은 요시다 쇼인이 더 유명하지만 1850년대 후반 당시에는 쇼인이 20대 후반의 열혈 청년에 불과했던 데 비해, 도코는 50대에 접어든 원숙한 정치가로 개혁을 열망하는 사람들의 신망을 한 몸에 받고 있던 정계, 사상계의 대스타였다. 쇼인도, 사이고 다카모리도 에도에서 도코를 만나 큰 감명을 받은 적이 있었다. 따라서 그의 생각과 발언은 당시 어느 정치가의 그것보다도 커다란 영향력이 있었다고 해도 틀린 말은 아닐 것이다. 그런 그도 "역인의 좋고 나쁜 점을 말하는 것은 메쓰케의 직분으로, 매우 중요한 직책이므로 …… 메쓰케들을 때때로 어전에 부르시어 정치의 잘못된 점을 맘대로 간언하도록" 해야 한다고 주장했다.[22] 메쓰케를 어전에 자주 부른다는 것은 메쓰케를 언관화한다는 의미도 물론 있지만, 다른 한편에서는 정치로부터 멀어져 있던 번주를 정치에 간여케 하는 것, 즉 군주 친정을 실시하려는 뜻도 있다고 봐야 할 것이다.(이에 대해서는 뒤

'사화±化'하는 사무라이와 메이지 유신

에서 상세히 다룰 것이다.)

　이상 막말기의 대표적인 개혁가라고 할 수 있는 요시다 쇼인과 후지타 도코가 동일하게 메쓰케를 명실상부한 언관으로 개조해야 한다고 주장한 것을 살펴봤다. 필자는 도쿠가와 시대 일본의 정치체제가 조선왕조의 그것과 가장 다른 점이 언관의 부재라고 지적한 바 있는데, 흥미롭게도 막말기에 개혁가들이 메쓰케를 언관으로 만들려는 시도를 하고 있었던 것이다. 이를 앞서 서술한 상서의 활성화와 함께 묶어서 생각하면 어떻게 되는가. 보통 상서는 메쓰케에게 제출하도록 되어 있다. 상서의 접수창구인 메쓰케는 자연스레 바깥 여론을 자세히 알게 되고 그에 민감해질 수밖에 없을 것이다. 그런 메쓰케가 언관화되어 군주와 자주 면담하고 정부 비판을 자유롭게 할 수 있게 되는 정치 구조, 그것은 기존의 가로 합의 체제의 정치와는 확연히 다른 것이 될 것이다. '상서+언관'을 도쿠가와 시대의 정치사회에 도입하는 것, 그 자체가 이미 기존 체제를 크게 동요시킬 가능성을 품고 있었다. 막말기의 개혁가들은 이런 사대부적 정치 문화의 장치들을 새로운 개혁의 수단으로 생각했던 것이다.

메이지 시대
상서와 신문의 결합[23]

　여기서 잠시 얘기를 메이지 정부 수립 이후로까지 확대해 보자. 19세기 중반에 터져 나온 상서 열기는 메이지 정부 수립 이후에도 가라앉을 줄 몰랐다. 메이지 정부는 좌원(左院)을 설치하여 상서를 접

수했다. 상서 접수 기구가 제도적으로 탄생한 것이다. 이 좌원에 상서
는 그야말로 '쇄도'했다. 이 상서들을 편찬한 『메이지 건백집성(明治建白
集成)』이라는 사료집을 보면, 전국 각지에서 다양한 계층의 사람들이
수많은 이슈에 관해 상서를 했음을 알 수 있다. 막말기 정치 격변 속
에서 정치적으로 활성화된 사람들은 상서를 통해 맘껏 정치적 의견을
표명했으며, 정부는 정부대로 이를 수용함으로써 공의 여론을 존중한
다는 이미지를 구축할 수 있었다.

　흥미로운 것은 상서와 신문의 연결이다. 메이지 정부 수립 직후
신문은 놀라울 정도로 발전했다. 예를 들면 《조야신문(朝野新聞)》은
1876년에 발행 부수가 1만 7000부를 넘어설 정도였다. 일본의 신문 산
업이 조선이나 청에 비해 이토록 급속도로 발전할 수 있었던 것은 식
자율(識字率)이 높았던 점, 그리고 도시인구 비중이 높았던 점 등이 배
경인 것 같다. 어쨌든 신문은 공의 여론의 새로운 담당자로 급속히 부
상하였는데, 이때 각 신문들이 주로 이용한 것이 독자 투고란이었다.
각 신문에는 연일 수많은 독자로부터 투고가 날아들었는데, 단골 투
고자 중에는 훗날 자유 민권 사상가로 유명해진 우에키 에모리(植木枝
盛), 나카에 조민(中江兆民) 등이 있었다. 심지어는 『투고가 열전』이라
는 책이 출판될 정도로 독자 투고는 영향력이 있었다.

　즉 메이지 초기 여론은 두 가지 통로로 표출되었다고 할 수 있
다. 하나는 정부의 좌원에 보내는 상서, 또 하나는 신문의 독자 투고란
이다. 그런데 재미있는 사실이 있다. 신문 중에는 좌원과 독점 계약을
맺어 좌원이 접수한 상서 중 이슈가 될 만한 것들을 옮겨 싣는 회사가

'사화±化'하는 사무라이와 메이지 유신

있었다. 즉 상서라는 전통적인 미디어와 근대 미디어인 신문이 연결되었던 것이다. 1874년 유명한 「민선의원 설립 건백서(民選議院設立建白書)」를 둘러싼 논의는 이런 배경에서 터져 나온 것이었다. 그 전해 겨울 정한론(征韓論) 분쟁에서 패해 정부를 떠난 이타가키 다이스케(板垣退助)를 비롯한 몇몇 정치가들은 이해 1월 14일 좌원에 국회 설립을 촉구하는 상서를 제출했다. 이 상서는 정부 내에서 논의를 시작하기도 전에 당시의 유력지 《일신진사지(日新眞事誌)》에 유출되어 대서특필되었다. 이렇게 되자 이들의 주장은 널리 알려졌고, 이를 계기로 국회 설립에 관한 논쟁이 벌어졌다. 공의 여론의 두 미디어인 상서와 신문이 만나는 순간 대규모 여론의 폭발이 발생한 것이다.

신문이 점점 증가하고, 마침내 1890년에 의회가 개설되어 여론 흡수 기능을 떠맡게 되자, 상서는 점점 사라졌다. 18세기 후반부터 시작되어 19세기 중반 절정을 맞은 상서 열풍은 메이지 정부 수립 이후에도 중요한 역할을 수행하다 마침내 역사의 뒤안길로 사라져 간 것이다. 사무라이 사회에 뒤늦게 등장한 사대부적 정치 문화의 하나인 상서는 적어도 19세기에는 중국에서보다도, 조선에서보다도 더 큰 정치적 역할을 했다고 볼 수 있다.

4. 군주 친정(親政)의
요구와 실현[24]

도쿠가와 체제에서
군주의 위치

사대부적 정치 문화에서는 군주에게 친정(親政)을 강하게 요구한다. 군주는 신하들과 회의를 거듭해야 하고, 각계에서 올라오는 상서를 직접 읽어 여론을 파악해야 하며, 백성들의 상황에도 깊은 관심을 가져야만 한다. 또 이런 일들을 잘 해내기 위해 학문 연마를 게을리하면 안 되었다. 군주는 민본주의에 입각해서 민정(民情)을 잘 파악해야 하며 백성들을 위해 인정(仁政)을 펼쳐야 할 것을 끊임없이 요구받았다. 사대부적 정치 문화에서 군주는 한편에서는 조상이나 산천에 대한 제사 등 의례를 집전하고 행해야 하는 존재이기도 했으나, 다른 한편에서는 이처럼 정사(政事) 전반에 적극적으로 개입해야 하는 존재였다. 물론 현실에서는 이런 이상적 군주상이 제대로 실현되지 않았다. 군주가 총애하는 몇몇 신하들 또는 환관들에게 정사를 맡겨 놓고 표면에 나타나지 않는 경우도 허다했다. 그러나 적어도 공식적으로 이를 군주의 모범이라고 할 사람은 없었다.

그러나 도쿠가와 시대 일본에서 군주의 위치와 성격은 좀 달랐다. 쇼군이든 다이묘든 각 정치체의 군주는 원래 군대의 최고사령관이었다. 전투를 지휘하여 전쟁을 승리로 이끄는 것, 이를 위해 평상시 군대 조직을 잘 유지하고 병사들을 잘 훈련하는 것이 그들이 할 일이

'사화士化'하는 사무라이와 메이지 유신

었다. 그러나 도쿠가와 시대에 장기 평화가 계속되자 이들의 이런 역할은 애매해졌다. 100년, 200년이 지나도 전쟁은 일어나지 않았고, 더 중요한 것은 일어날 기미조차 없었다는 것이다. 사무라이들도 점점 군인이 아니라 행정 관료, 서리가 되어 갔고, 이에 따라 쇼군도, 다이묘도 전쟁 지휘관으로서의 존재 의의가 희미해졌다. 그렇다면 이들은 앞으로 어떤 존재가 되어야 하는가? 이런 물음에 18세기 초 유학자 아라이 하쿠세키는 쇼군을 유교적 국왕으로 만들려고 시도했던 것이다.

실제로 도쿠가와 초기 유학의 보급과 함께, 많은 지식인들이 쇼군과 다이묘들에게 유교적 덕목을 요구하는 발언들을 하기 시작했다. 유교적 덕목을 잘 수행한 '명군(名君)'의 이미지를 유포하면서 군주들의 분발을 촉구했다. 일부 쇼군이나 다이묘들은 이에 적극적으로 호응하기도 했다. 그러나 전체적으로 볼 때 도쿠가와 시대의 군주들, 즉 쇼군이나 다이묘는 정사에 적극적으로 개입하지 않는 것이 일반적이었다. 더 중요한 것은 그들에게 정사를 직접 돌보는 것이 바람직한 군주의 길이라고 요구하는 신하들이 별로 없었다는 점이다. 군주가 조상에 대한 의례나 막부, 다른 다이묘와의 교제 등을 무리 없이 수행하는 한, 또 막부나 자기 번에 큰 해가 될 정도의 비정상적인 행동만 하지 않는 한, 신하들이 친정을 촉구하는 일은 별로 없었다.

그렇다면 정사는 어떻게 운영되었는가. 막부에서는 5명 내외의 로주가 공동으로 정무를 처리했는데, 중요 사항은 쇼군의 친재를 요청했다. 그러나 이것도 요식행위에 불과한 경우가 많았다. 번에서도 마찬가지여서 가로들이 합의하여 운영하는 가로 합의 체제가 일반적이었다.[25] 상서도 거의 없었지만, 있다 하더라도 군주가 직접 읽는 일도, 또 직접 읽을 것을 요청받는 일도 드물었다. 그렇다면 쇼군이나 다이묘는 무엇을 하였는가? 이들의 주요 업무는 의례와 교제였다. 조상에 대한 각종 의식이 이들의 일정을 메웠으며, 에도 성에서 벌어지는 각종 의례도 매우 중요한 행사였다. 참근교대제로 에도에 와 있는 다이묘들은 노(能: 일본의 전통 연극) 관람, 다회(茶會) 참석 등을 통해 서로 교제하는 데 열중했고, 선물 주고받기, 서신 왕래 등도 이들의 주요 업무였다.

참근교대제 때문에 그들이 번의 정사에 간여하기 힘든 측면도 있었다. 참근교대제로 다이묘의 정부인과 적자(嫡子)는 항상 에도에 거주해야 했으므로 다이묘들은 에도에서 나고 자란 경우가 대부분이었다. 이들이 번주의 자리에 앉을 때까지 자기 번을 찾을 기회는 거의 없었다. 이들은 '에도 사람'이었던 것이다. 번주가 되고 나서도 번과 에도 사이를 왔다 갔다 해야 했기 때문에, 자기 번에 장기간 체류하면서 정사를 구석구석 파악하여 처리한다는 것은 매우 어려웠다. 번정(藩政)은 오랜 기간 해 온 관례대로 번 현지에 뿌리박고 있는 가로들이 합의하여 운영하는 것이 일반적이었다.

군주 친정에 대한 요구

그러나 유학이 확산되면서 군주 친정을 요구하는 목소리들이 높아졌다. 특히 사대부적 정치 문화를 바탕으로 중하급 무사들의 정치 참여가 활발해지자 군주 친정에 대한 요구는 더욱 절박해졌다. 가로 합의 체제에서는 번 내 최고 가문들이 번정을 장악하고 있었기 때

'사화±化'하는 사무라이와 메이지 유신

문에 대다수 가신들이 끼어들 여지가 적었다. 그러나 이들이 일단 정치에 뛰어들게 되자 가로 합의 체제는 큰 벽이었다. 이 벽을 허물 유일한 방법은 군주의 정치적 권위를 빌려 자신들의 주장을 정당화하는 것이었다. 그러기 위해서는 군주의 정치적 활성화, 군주 친정이 필요했다. 다시 말하면 군주 친정의 요구는 사대부적 정치 문화의 확산과 정치적 야망에 불타는 중하급 무사들의 현실적 필요성이 결합하여 나타나게 된 것이다.

군주 친정에 대한 요구는 막부보다는 번에서 많이 찾아볼 수 있다. 요시다 쇼인은 조슈 번주에게 매일 신하들과 함께 조회를 열어 그들의 의견을 듣고 직접 정사를 돌봐야 한다고 주장했다.[26] 대부분의 전근대사회가 그렇지만 에도 시대는 특히나 격식의 시대였다. 특히 번주는 세세한 격식에 구애되어 파격적인 행동을 하기가 매우 어려웠다. 따라서 번주를 만날 수 있는 사람들도 극히 제한되어 있었다. 쇼인은 이를 타파하기 위해 번주가 별저(別邸)에서 수시로 신하를 만날 것을 촉구했다. 후에 조슈 번의 존왕양이파는 기존 관례를 벗어나기 위해 번주를 조카마치인 하기(萩)에서 조슈 번의 경제 중심 도시인 야마구치(山口)로 옮기는 파격적인 행동에 나섰는데, 번주의 공간적 이동을 통해 정치를 혁신한다는 발상은 이미 이때부터 있었음을 알 수 있다.

그가 요구한 새로운 군주상의 내용은 대체로 군주의 친정, 하급 역인을 포함한 전체 역인과의 소통 확보, 대민 접촉을 통한 민중의 충성 유도, 군주의 학문 연마 등이었다. 이는 비단 쇼인만이 아니라 당시 개혁가들의 주장에서 많이 발견할 수 있으며, 막말기를 풍미했던 이른바 유시다이묘(有志大名)[27]들은 이런 군주상을 실현한 이들이었다. 도쿠가와 시대 권력 구조가 초기를 제외하고는 대체로 가로들의 집단 합의 체제로 운영되었고, 다이묘는 의례나 막부 접촉을 주 업무로 했음을 상기할 때, 위의 군주상이 실현된다면 기존의 권력 운영에 적지 않은 변화가 생길 것은 쉽게 예상할 수 있을 것이다.

목민관으로서의 군주

18세기 말 이래로 많은 개혁가들은 민정(民政)의 중요성을 강조하면서 아울러 고리부교(郡奉行), 다이칸(代官) 등 민정 관계 역인이 중요함을 지적했다. 이에 따라 막부와 각 번에서는 민정 역인의 쇄신과 인재 발탁에 힘을 써서 19세기 초에는 '명다이칸(名代官)의 시대', '목민관(牧民官)의 시대'가 열렸는데, 번주에게도 그 같은 군주상이 요구되었다. 요시다 쇼인은 민정의 중요성을 강조하고, 민중들의 상태를 파악하기 위해 지방관들인 고리부교나 다이칸을 직접 불러 의견을 들어야 한다고 말했다. 실제로 미토 번주 도쿠가와 나리아키는 고리부교뿐 아니라 지방의 상층 농민까지도 면담하여 술을 하사하며 그들의 고충과 의견을 듣기도 했다.

군주가 민정에 대해 관심을 보인 것 중 하이라이트는 농촌 순행이었다. 도쿠가와 시대 초기에는 다이묘들이 사냥을 나간다는 구실로 영지를 돌아보는 경우는 있었으나, 이는 본격적인 민정 시찰이라고 보기는 어려웠다. 그런데 이 시기가 되면 번주의 농촌 순행이 간간이 나타나기 시작했다. 예를 들어 18세기 말 아키타 번(秋田藩)의 개혁을 주도하던 노가미 고쿠사(野上國佐)는 번 내에 잇키가 발생하자 번주에게 순행하여 설득할 것을 주장했다. 결국 번주는 14일간 영지를 순행하면서 50여 통의 설유서(說諭書: 번주가 직접 민중을 설득하는 문장)를 반포했다. 이에 대해 문벌층은 전례 없는 일이라며 순행에 반대했다.[28] 이 사실은 비록 잇키 발생이라는 비상 상황이기는 했지만 개혁파가 영민(領民) 안정과 정치적 리더십의 확립을 위해 번주의 순행을 이용한 좋은 예이다.

대표적인 예는 미토 번주 도쿠가와 나리아키의 순행이다. 앞에서도 말한 것처럼 취임 초기부터 민정에 관심을 보이던 그는 농촌 순행을 정력적으로 수행했다. 수행 인원을 대폭 줄이고, 주먹밥을 허리춤에 차고, 때로는 해변에 주저앉아 점심을 때우기도 하였다. 촌락의 유력자와 만나서는 그들의 고충을 듣고 편지를 써서 말미에는 '아무개에게'라고 그 농민의 이름을 직접 써서 주었다. 다이묘가 자신의 이름을 직접 써 준 편지를 받아 든 농민이 얼마나 감격에 겨워했을까는 미루어 짐작할 수 있을 것이다. 그는 자신이 입고 있던 옷을 하사하기도 하였고, 가는 곳마다 효자나 열녀, 노인 등을 표창하였다.

나리아키는 어촌도 방문하였다. "21일에는 미나토(湊: 미토 번 남쪽의 대표적 포구)에 가셨는데, 때마침 하루 종일 고기가 많이 잡혀 어촌 모두가 크게 기뻐하였다고 한다. 번주께서도 고기잡이배에 오르시어 도미를 잡으셨다."[29]라는 기록이 전하는 것처럼, 어민들의 생업 현장에 가서 그들의 노동을 직접 체험하며 어민들의 존경을 받았을 나리아키의 득의만면한 모습이 눈에 선하다. 이는 마치 메이지 천황이

1876년 도호쿠 순행 당시 도네가와(利根川)에서 잉어잡이를 견학하기 위해 나룻배를 타고 강을 건너며 구경했던 것을[30] 연상시킨다.

군주 순행과 관련해서는 지금까지 메이지 천황의 순행이 주목 받아 왔는데, 주로 유럽 군주의 순행에 영향받은 것으로 얘기되어 왔다. 그러나 군주 순행은 19세기 전반과 중반의 일본에도 있었으며, 방문한 곳에서 효자, 열녀, 노인을 포상하는 등 순행의 행태에서도 양자에 비슷한 점이 많다. 따라서 메이지 천황의 순행을 유럽의 영향만이 아니라 그 이전의 군주 순행과의 연속성에서 볼 필요도 있다.

이상 이 시기에 나타난 새로운 군주상에 대해서 살펴보았다. 이 같은 군주상은 실은 메이지 유신의 천황 권력과 관련이 있다. 오쿠보 도시미치(大久保利通)는 왕정복고 쿠데타 직후 천황이 고쇼(御所: 천황의 궁궐) 내의 학문소에 나와 친정할 것, 오사카에 행차해 효자와 열녀 등을 표창할 것, 평소 학문을 연마할 것 등을 주장했는데, 이는 이 시기 형성된 새로운 군주상의 연장선상에 있었다고 할 수 있다. 물론 그 후 메이지 천황은 서양 군주상을 수용하기도 했지만, 교육 칙어의 반포, 내탕금(內帑金: 천황이 사적으로 쓸 수 있는 돈)에 의한 빈민 구제, 전국적 순행 등에서 보이듯, 유교적 군주의 측면이 여전히 근대 천황의 한 요소로 자리 잡고 있었다.

5. 메이지 유신 이후 유학화의 행방과 서구화

이 사대부적 정치 문화의 전국적 확산 속에서 메이지 유신은 이루어졌다. 그에 따라 만들어진 메이지 국가의 정치체제는 병영국가적 요소가 다분히 남아 있으면서도 사대부적 정치 문화가 활발해진 상황 속에서 서양 정치 문화와 맞닥뜨렸다. 서양 정치 문화는 주로 사대부적 정치 문화를 매개로, 그 맥락 속에서 수용, 변용, 왜곡의 복잡한 과정을 거치며 받아들여졌다. 그 과정을 주도한 것은 막말기 수십 년간의 격동을 거치면서 광범하게 형성된 '사(士)'들이었다.

유신 이후에도 건백서(建白書: 관청이나 윗사람에게 전하는 의견서)나 상서가 난무했다. 앞서 본 것처럼 당시 폭발적으로 확장된 신문의 영향력도 이 상서의 열기에 뒷받침된 측면이 강했다. 정치투쟁도 건백(建白)을 통해 주로 이뤄졌다. 전국은 당파로 뒤덮였다. 이 당파의 열기 속에서 민(民)의 사화도 급속도로 진전되었다. 민권지사(民權志士), 우국지사(憂國之士)의 대열에 광범한 규모의 민(民)이 가담했다.

메이지 천황 측근 그룹을 비롯한 많은 사람들은 유교적 군주가 공론을 바탕으로 인정(仁政)을 펼치는 세상을 기대했다.[31] 많은 지식인들은 유신 이후 일본이 어떤 체제를 취할 것인가를 두고 여전히 '군현제'와 '봉건제'라는 개념에 기대어 다투었다. "봐라, 서양은 군현제 아니냐, 그러니까 부강한 것 아니냐."라는 식으로. 또 도쿠가와 시대에 흔히 사용되던 일본어풍의 용어들(특히 직책명 등 공식적인 용어들)은 근사한 한자어들로 바뀌어 버렸다.(로주, 부교 등의 용어 대신 총재(總裁), 의정(議定), 총리대신(總理大臣) 등이 사용됐다.) 문장도 일본식 이두인 소로분(候文)에서 한문을 풀어 쓴 문장이 대세를 점했다.[32] 19세기 후반은 일본 사회에 한자어가 가장 범람한 시기가 되었다.

이처럼 18세기 말부터 시작되어 서서히 진행된 정치적·사상적 면에서의 일본 사회의 유학화는 도쿠가와 체제를 무너뜨리고 메이지 유신 직후 정점을 맞은 듯이 보였다. 그러나 전성기는 짧았다. 대외적 위기감 속에서, 특히 1871년 폐번치현(廢藩置縣)[33] 쿠데타 이후 일본 사회는 급속히 서구화, 즉 문명개화·부국강병 노선으로 달려갔다. 유학화의 흐름은 서서히 제압되었다.

중요한 것은 이 과정에서 사대부적 정치 문화와 유학적 정치사상은 서구화에 장애물이라기보다는 가교 역할을 했다는 점이다. 앞에서 본대로 정당정치는 학적 네트워크와 당파 정치에 크게 의존했다. 유학 지식인들은 서양 민주주의에 저항감을 보이는 사람들을 익숙한 유학 용어로 안심시키며 설득했다. 의회 제도는 현군(賢君)이 공론을 존중하는 것과 무엇이 다르냐고, 통치자를 선출하는 공화정은 바로 요순시대의 선양(禪讓)과 같은 것이라고, 고등 문관 시험은 바로 과거제와 같은 거라고.

조선이나 청과 달리 유학이 이처럼 서구화에 장애물이 되지 않고 오히려 가교 역할을 했던 것은 지금까지 우리가 보아 왔듯이, 일본에서는 유학이 체제 이데올로기가 아니고 오히려 신흥 사상의 측면이 있었던 점, 또 그것을 받아들인 사람들도 유학을 우주론이나 내면화된 신념으로서보다는 다분히 도구적인 것으로 받아들여졌던 점 등이 작용한 것으로 생각된다. 어쨌든 메이지 유신의 성공 배경에는 우리가 잘 알고 있는 '서구의 충격'만이 아니라, 지금까지 간과해 왔던 '유학적 영향'이 적지 않은 역할을 했던 것이다.

당파 혐오와
근대 동아시아의
정당정치

이상에서 본 것처럼 메이지 초기의 정치 붐은 막말에 지속된 당파 정치와의 연속선상에 있었다. 그러나 계승된 것은 이것만이 아니었다. 막말에 장기 지속된 당파 정치에 대해서 당시 많은 식자들이 '붕당의 폐단'을 우려하는 발언을 쏟아낸 것은 앞에서 본 대로다. 이는 동아시아에 전통적으로 존재하는 붕당에 대한 부정적인 태도의 전형이다. 이것이 메이지 시기에도 계승되었다. 원래 동아시아에서 전통적 붕당관은 크게 두 가지로 나뉜다. 앞서 언급했듯, 하나는 옹정제가 쓴 「어제붕당론」이 대표하는 것으로, 모든 붕당을 악으로 간주하는 것이다. 모든 신민은 군주에게 직접적으로, 일원적으로 충성을 바쳐야지, 그 사이에 붕당이 끼어드는 것은 있을 수 없다는 논리이다. 이때 붕당은 권력 정통성의 유일한 담지자인 군주에 대한 충성을 방해하는 존재로 가차 없이 규탄된다.

또 하나는 송나라 학자 구양수의 「붕당론」으로 대표되는 것으로, 군자의 붕당과 소인의 붕당을 준별하여, 전자를 인정하는 것이다. 그러나 구양수의 붕당론 역시 군자당만을 인정하고 상대 당을 소인당으로 매도하여 인정하지 않는다는 점에서, 복수 정당의 공존을 인정하는 근대적인 정당관과는 다르다. 구양수는 군자당만을 유일당으로 인정하고 이 유일당이 군주 권력을 보다 효과적으로 뒷받

침할 수 있다고 주장했기 때문에, 오히려 옹정제의 군주독재 체제를 옹호하고 보완하는 길로 들어설 가능성도 없지 않았다. 근대 이후 중국의 국민당이나 공산당의 일당 통치와 당국 체제(黨國體制: 당이 국가를 이끄는 체제)의 옹호, 군국주의 일본의 대정익찬회(大政翼贊會)[34] 등은 바로 이런 붕당관의 연속선상에 있다고 해도 좋을 것이다.

조선에서는 17세기에 복수 붕당의 공존 가능성이 잠시 보였으나 결국 격렬한 당쟁의 반복, 그리고 이를 억누르려는 왕권 측의 반격(탕평책)으로 정착하지 못하고 좌절되었다.

19세기 들어 처음으로 활발한 당파 정치와 당쟁을 경험한 일본에서 역시 당파 정치와 붕당에 대한 비판이 쏟아졌다. 당파에 적극적으로 가담한 경우에도 자신의 당은 정의당이고 상대 당은 속론당이라는 프레임에서 벗어난 예는 거의 없었다. 구양수 「붕당론」의 재판인 것이다. 당파 정치의 장점을 인정하고 복수 정당이 평화롭게 경쟁하여 정권을 교대하는 복수 정당 공존을 긍정하는 이론은 좀처럼 등장하지 않았다.

그 연장선상에서 메이지 초기 정당론도 정당 무용론과 '올바른 유일 정당론'(公黨)의 틀에서 벗어나지 못했다. 비판자들은 정당이 공익과는 관계없이 사적 이익만을 추구한다고 생각했고, 이것이 결국 공적 이익을 해친다고 보았다. 그리고 정당 간의 투쟁은 사회적 낭비이며, 나아가 사회를 동요시키는 불안 요소로 파악했다. 이런 관점은 현재 한국이나 일본의 시민이 정당에 대해 갖고 있는 생각과 크게 다르지 않은 것이다. 동아시아의 정당들은 100여 년 동안 이런 자신들에 대한 혐의를 불식하는 데 성공하지 못하고 있다. 이런 관점은 군(君)과 민(民) 사이에 정당이 끼어들지 않는 일군만민(一

君萬民)적인 정치체제를 지향하든가, 정당을 인정하는 경우라도 유일 정당만이 군(君)과 민(民)을 이어 주는 역할을 할 수 있다고 본다.

메이지 시기 정당 활동을 하던 사람들도 대체로 이런 관점을 벗어나지 못했다. 최초의 정당인 애국공당(愛國公黨)은 자신들이 사당(私黨)이 아님을 강조하기 위해 당명에 '공당(公黨)'을 붙였으며, 자유당(自由黨)은 자신들이 진정한 당이고 상대 당은 가짜 당(僞黨)이라고 규정하여, '위당 박멸(僞黨撲滅)'을 모토로 삼았다. 이것은 막말기 당파 정치기에 당파들이 스스로를 '정의당'이라고 칭하고 상대방을 '속론당' 등으로 매도했던 것을 연상시킨다. 이런 논리는 상대 당의 타당 가능성과 자신들의 오류 가능성을 인정하지 않고 상대 당 존재의 정당성을 인정하지 않는다는 점에서, 유일 정당 체제로 가는 맹아를 가지고 있었다. 이런 점에서 자유당과 쌍벽을 이루던 입헌개진당(立憲改進黨)이 그 발기 취지서에서 목표를 '유일 정당'의 건설로 삼은 점은 주목할 만하다.

물론 나중에는 복수 정당의 공존을 받아들이게 되지만, 정당 도입의 초창기에 정당을 부정하거나 유일 정당을 지향하는 관념이 강하게 자리 잡았다는 점은 정당에 대한 이후 일본인의 태도를 크게 규정했다고 볼 수 있다. 1920년대에서 1930년대 초까지의 다이쇼(大正) 정당정치가 그토록 맥없이 무너지고 독일 나치당을 모방한 대정익찬회가 별다른 어려움 없이 탄생한 것도 이런 맥락에서 이해할 필요가 있을 것이다. 나아가 전후 완벽한 민주적 선거가 보장된 상태에서도 유권자들이 자민당의 일당 지배를 약 50년 동안 용인한 점, 그리고 현재의 정당정치가 혼미를 거듭하고 있는 점 등도 이런 맥락에서 보고자 한다면 지나친 해석일까.

지금까지 메이지 유신에 대해 여러 가지 측면에서 검토해 보았다. 약 150년 전에 일어난 혁명이긴 하지만 이것이 현재 우리에게 주는 의미는 적지 않다.

첫째, 외부의 선진 문명과 그것을 받아들이는 주체에 관한 문제이다.(2장) 주체성을 유지하면서도 적시에, 과감하게 외부 충격을 받아들이는 것, 이것은 문명의 발신지가 아닌 지구상의 대부분의 국가·사회가 늘 맞닥뜨리는 문제이다. 과감한 개방은 주체의 위기와 현상의 급변을 초래하기 때문에 언제나 인기 없고, 실현하기 힘든 노선이다. 세계 각 지역의 이질성이 현저히 줄어든 현재에도, 19세기만큼은 아니라 할지라도, 여전히 그렇다. 우리 사회가 현재 목격하고 있는 많은 문제와 현상들도 이와 관련된 것들이 적지 않다. 이 문제에 관해 19세기 일본의 경험은 많은 교훈을 준다.

둘째, 지배 세력인 엘리트층과 변혁에 관련된 문제이다.(3~5장) 프랑스 혁명, 러시아 혁명 등은 구체제와 엘리트층을 타도하는 과정이었다. 그 주도 세력은 엘리트층 바깥에 있었다. 반면 메이지 유신은 주로 구지배층 일부의 자기 혁신에 의한 것이었다. 사회변혁이 민중이 아니라 지배층의 주도 하에서도 일어날 수 있다는 좋은 예이다. 지배층

일부가 주도했다고 해서 변혁의 폭이 작았던 것도 아니었다. 구지배층이 주도한 만큼 구체제의 흔적을 꽤 남기면서도 불필요한 파괴와 희생을 최소화하면서 질서 있고 효율적인 변혁을 수행한 측면이 있다. 혁명으로서 메이지 유신의 이런 패턴은 일본 사회에 문제점을 남긴 것도 사실이다. 필자가 보기에 메이지 유신 이후 일본은 일관되게 이런 패턴으로 문제를 해결하려고 했다. 일본 역사상 종종 등장하는 '~유신'이라는 변혁 운동이 바로 그것이다.(다이쇼 유신, 쇼와 유신, 최근에는 헤이세이 유신) 근대 일본에서는 지배층 바깥 세력이 체제를 전복한 일이 거의 없었다. '100년이 넘는 질서 있는 개혁의 연속', 현재 일본 사회에서는 이 패턴에 대한 강한 의문이 대두되고 있고, '아래로부터의 변혁'을 부르짖는 목소리도 부상하고 있다. 그러나 필자가 보기에 일본 사회가 이 패턴을 벗어나기는 쉽지 않을 것이다. 앞으로도 그것이 19세기 후반과 같은 결과를 가져다줄지는 모르겠지만 말이다. 현재 중동에서는 메이지 유신과는 다른 전통적 패턴의 혁명이 진행되고 있다. 그것은 구체제를 극적으로 변혁시키고 있지만, 대량 파괴·혼돈·유혈 등 지불 비용도 만만치 않다. 어떤 패턴의 사회변혁을 택할 것인가는 각 사회 구성원의 결단에 따른 것이다.

셋째, 어떤 사회에 이미 존재하던 관습이나 사상은 그것들의 존재 양태나 시대적 맥락, 또는 정치 세력의 이용 방식에 따라 다양한 역할을 하게 된다. 메이지 유신 과정에서 유학의 역할은 조선이나 청에서의 그것과는 이런 점에서 사뭇 달랐다.(4장, 5장) 그것은 조선·청에서처럼 지배 이데올로기도 아니었지만 그렇다고 낯선 것도 아니었다.

그것이 사회변혁에 효과적으로 이용됨에 따라 19세기 일본은 점진적인 변화를 시작할 수 있었다. 당시 누구도 유학을 위험 사상이라고는 생각하지 않았지만, 결과적으로 그것은 누구나 위험 사상이라고 생각했던 20세기 마르크시즘보다 일본 사회변혁에 더 큰 역할을 했다. 우리는 역사에서 이런 입체감을 놓치지 말아야 하는데, 메이지 유신은 그 좋은 예이다.

　필자가 메이지 유신을 공부하기 시작하던 1990년대 우리 사회는 여전히 그에 대한 관심이 높았다. 그 후 한국의 눈부신 발전으로 '근대화'도 '일본 모델'도 매력이 떨어져 갔다. 그러나 이것은 거꾸로 우리가 메이지 유신을 객관적으로, 또 지적으로 관찰할 수 있는 좋은 기회이기도 하다. 이 글이 그런 논의의 작은 출발점이 되었으면 한다.

　이 책은 메이지 유신에 대해 설명해야 할, 그리고 독자들이 알고 싶어 할 많은 부분들에 대해 전체적으로 다루지 못하고 한정된 몇몇 논점에 대해서만 서술하는 데 그쳤다. 그래서 약간 '울퉁불퉁한 글'이 되고 말았다. 이는 필자의 역량 탓도 있겠으나, 가능한 한 필자가 읽은 사료의 범위 내로만 서술을 한정하려고 했기 때문이다. 훗날 세계 혁명들과의 비교사적 시각에서 메이지 유신의 전체상을 제시할 수 있는 글을 쓸 수 있으면 좋겠다.

머리말

1 이 책에서 필자는 '유교(儒敎)' 대신 '유학(儒學)'이라는 말을 주로 쓴다. 18
세기 말 이후 일본에서 유학이 급속하게 확산된 것은 사실이나, 국가 제
사나 의례, 또는 관혼상제를 비롯한 사람들의 생활 습관에 대한 영향력
은 크지 않았기 때문이다. 그것에는 여전히 불교의 영향력이 강력했다. 유
학의 영향력은 주로 정치사상, 정치제도, 정치 문화 등 정치 영역과, 학술
영역에 집중되었다. 단 문맥상 '유교'란 용어가 더 적절하다고 판단될 때
는 사용했다.

2 前田勉, 「近世日本の儒學と兵學」(ぺりかん社, 1996). 원래 다카기 쇼사쿠
(高木昭作), 마루야마 마사오(丸山眞男)가 사용한 용어이지만 마에다 쓰토
무(前田勉)의 설명에 따른다.

3 渡邊浩, 「日本政治思想史 17~19世紀」(東京大學出版會, 2010), 88쪽.

4 여기서 '일반 사무라이'라는 용어의 의미를 분명히 해 두고자 한다. 사무
라이는 그 신분 내부가 계층적으로 매우 복잡하게 나뉘어 있었고, 그것
을 대상으로 한 연구도 방대하게 나와 있다. 그러나 이 책에서 쓰는 '일반
사무라이'는 장기간 전쟁이 없는 사회에서 군인으로서의 존재 의의를 잃
고, 행정 말단의 실무를 주로 담당하는 서리(胥吏)처럼 되어 버려 주요 정
책 결정에 참여하지도 못하고, 정치적 의사 표현도 거의 할 수 없는 상태
에 있던 자들을 일컫는다. 하층 사무라이의 대부분과, 중층 사무라이 중
주요 역직을 갖지 못한 자들이 포함되는데, 수적으로는 사무라이 인구의
태반을 차지한다.

1장 도쿠가와 체제의 구조와 특징

1 마리우스 B. 잰슨, 김우영 역, 「현대 일본을 찾아서 1」(이산, 2006), 78쪽
을 참조한 것이다.

2 막부 관직 체계를 비롯한 정치 구조에 대해서는 다음의 책이 가장 요
령 있게 소개하고 있다. Conrad D. Totman, *Politics in the Tokugawa
bakufu, 1600~1843*(Harvard University Press, 1967).

3 深井雅海, 「江戸城: 本丸御殿と幕府政治」(中央公論新社, 2008).

4 역인(役人, 야쿠닌)은 관리라는 의미이다. 그러나 교토에는 천황의 신하들,

즉 '관(官)'이 엄연히 있었기 때문에 막부 공무원에 대해서는 '관'보다는 이 말이 더 자주 쓰였다. 이 책에서도 이 말을 그대로 쓰기로 한다. 현재 일본에서도 공무원을 역인, 관청을 역소(役所, 야쿠쇼)라고 하기도 한다.

5   번의 상황에 대해서도 Conrad D. Totman, 앞의 책의 설명이 알기 쉽다.

6   윤병남, 「구리와 사무라이: 아키타 번(秋田藩)을 통해 본 일본의 근세」(소나무, 2007)에 막부와 번의 관계에 대해 알기 쉬운 설명이 있다.

7   三谷博, 『明治維新を考える』(有志舍, 2006), 1부, 1장.

8   박훈, 「德川 시대 幕府와 藩 재정의 특색」, 《한성사학》 20(2005).

9   三谷博, 앞의 책, 236쪽.

10   渡邊浩, 『東アジアの王權と思想』(東京大學出版會, 1997), 1장.

11   중국의 명, 청 시대 지배 계층.

12   이 시기 인구에 대해서는 여러 설이 있는데, 速水融 外, 「歷史人口學のフロンティア」(東洋經濟新報社, 2001), 45～47쪽 참조.

13   이 표는 다음을 참조한 것이다. 關山直太郎, 『近世日本の人口構造: 德川時代の人口調査と人口狀態に關する硏究』(吉川弘文館, 1969), 235～237쪽에 의거하여 앤드루 고든(Andrew Gordon)이 만든 표.(앤드루 고든, 「현대일본의 역사」(이산, 2005), 59쪽.) 아사오 나오히로 외, 「새로 쓴 일본사」(창비, 2003), 282쪽.

2장 일본은 어떻게 서양 문물을 신속히 수용할 수 있었나

1   이 장은 필자가 일본의 대외 인식에 관해 쓴 다음 논문들의 논지를 쉽게 풀어 쓴 것이다. 박훈, 「18세기 말~19세기 초 일본에서의 '戰國'적 세계관과 해외 팽창론」, 《동양사학연구》 104(2008). (후에 인하대 한국학연구소 편집, 「중국 없는 중화」(인하대학교출판부, 2009)에 재수록); 박훈, 「吉田松陰의 대외관: '敵體'와 팽창의 이중 구조」, 《동북아역사논총》 30(2010); 박훈, 「幕末期 대외론: 쇄국/양이론 再考」, 김용덕 엮음, 「일본사의 변혁기를 본다: 사회 인식과 사상」(지식산업사, 2011). 더 자세한 내용을 원하는 독자들은 이 논문들을 참고해 주길 바란다. 이 책에서 소개하는 사료들은 이 논문들에서 인용한 것이 많으나, 일반 독자의 이해를 돕기 위해 문장을 쉽게 고쳤고, 때로는 문맥이 잘 통하도록 과감하게 의역한 곳도 있다. 일부 이 논문들의 문장을 옮겨 실은 곳도 있다.

2 藤田幽谷,「丁巳封事」,『水戸學』, 日本近代思想大系53(岩派書店, 1973), 31쪽.

3 井野邊茂雄,『新訂增補 維新前史の研究』(中文館書店, 1942), 325쪽에서 재인용.

4 會澤安,「新論」,『水戸學』, 日本近代思想大系53(岩派書店, 1973), 93쪽.

5 같은 책, 92쪽.

6 1787~1793년에 막부 로주이자 뛰어난 유학자였던 마쓰다이라 사다노부(松平定信)가 주도한 개혁 정치. 긴축정책, 사상 통제 등을 실시하였고, 4개국 통신통상국 등 대외론, 대정위임론 등 내정론을 수립하였다.

7 에도 막부 5대 쇼군 도쿠가와 쓰나요시(德川綱吉)가 다스린 시기로 경기는 호황을 누렸고 문화도 매우 발전하여 전국시대 분위기가 거의 사라졌다.

8 1019년 이른바 '도이(刀伊: 한국어 '되놈'의 '되'에서 유래한 말. 오랑캐라는 뜻.)의 침략'이 있었다. 헤이룽 강(黑龍江) 하구 등 연해주 일대에 세력을 구축한 여진족들이 동해를 건너 쓰시마, 북규슈 등을 습격했다.

9 실제로는 19세기에 에도가 외국에 점령된 적은 없었고, 오히려 베이징과 한성이 외국군에 유린되었다.

10 三谷博,『明治維新とナショナリズム: 幕末の外交と政治變動』(山川出版社, 1997), 1부.

11 Carter Eckert et al., *Korea, Old and New: A History*(Ilchokak, 1990), pp. 183~184.

12 本多利明,「西域物語下」,『本多利明 · 海保靑陵』, 日本思想大系44(岩波書店, 1970), 160쪽.

13 三谷博, 앞의 책, 1부에『해방억측』에 대한 상세한 분석이 있다.

14 佐藤信淵,「混同秘策」,『安藤昌益 佐藤信淵』, 日本思想大系45(岩波書店, 1977), 426쪽.

15 같은 책, 431쪽.

16 같은 책, 474쪽.

17 橋本左内,「村田氏壽宛」,『渡邊華山 · 高野長英 · 佐久間象山 · 橫井小楠 · 橋本左内』, 日本思想大系55(岩波書店, 1971), 567쪽.

18 吉田松陰,「投夷書」,『吉田松陰全集』7권(岩波書店, 1936), 420쪽.

19 참근교대(參勤交代): 쇼군에 대한 복속의 의미로 가족들을 막부가 있는 에도에 거주시키고, 다이묘 자신도 정해진 기간마다(대개 1년) 에도와 영지

를 오가도록 했다. 이 책 1장에서 설명한 바 있다.

20 당시 많은 일본인들은 진구 황후(神功皇后) 전설 등 허황된 기록에 의거하여, 고대 일본이 한반도를 지배했다는 생각을 갖고 있었다.

21 吉田松陰, 「幽囚錄」, 『吉田松陰全集』 1권(岩波書店, 1936), 595~596쪽.

22 前田勉, 『近世日本の儒學と兵學』(ぺりかん社, 1996), 427쪽. 조선 정부도 사절단을 통해 열심히 아편전쟁에 관한 정보를 수집했으나, 주로 베이징 당국이 전하는 정보에 의존했기 때문에 아편전쟁의 결과가 큰 문제가 아니라는 해석을 했던 것 같다.

23 堀田正睦, 「堀田正睦意見書」, 吉田常吉 외 엮음, 『幕末政治論集』, 日本思想大系56(岩波書店, 1976), 67~71쪽.

24 박훈, 「18세기 말~19세기 초 일본에서의 '戰國'적 세계관과 해외 팽창론」, 322쪽.

25 德川齊昭, 「海防愚存」, 吉田常吉 외 엮음, 『幕末政治論集』(岩波書店, 1976), 13~14쪽.

26 같은 책, 10쪽.

27 吉田松陰, 「續愚論」, 『吉田松陰全集』 4권(岩派書店, 1936), 117~118쪽.

28 같은 책, 119쪽.

29 吉田松陰, 「幽囚錄」, 앞의 책, 223쪽.

30 吉田松陰, 「對策一道」, 『吉田松陰全集』 4권, 107~109쪽.

31 이 부분은 특히 박훈, 「幕末期 대외론: 쇄국/양이론 再考」의 결론 부분을 수정·요약하였다.

32 메이지 신정부에 대항하여 친막부 세력이 벌인 내전.

3장 도쿠가와 막부는 왜 패했는가

1 최근에 이런 관점의 연구들이 나오고 있는데, 주요한 것으로는 다음과 같다. 三谷博, 『ペリー來航』(吉川弘文館, 2003); 奈良勝司, 『明治維新と世界認識體系: 幕末の德川政權信義と征夷のあいだ』(有志舍, 2010); 久住眞也, 『長州戰爭と德川將軍: 幕末期畿內の政治空間』(岩田書院, 2005); 久住眞也, 『幕末の將軍』(講談社, 2009).

2 다이묘들이 에도 성에 들어왔을 때는 신분에 따라 주어진 방에서 대기해야 했는데, 같은 방의 사람끼리는 자연히 친해지고 정치적으로도 같이 행

동하는 경우가 많았다. 다마리노마는 주로 명문 후다이다이묘의 대기실이었다.

3 막말기 로주 권력의 상태와 변화에 대해서는 藤野保, 「江戶幕府崩壞論」(塙書房, 2008)과 藤野保, 「幕藩制國家と明治維新」(淸文堂出版, 2009) 등을 참조했다.

4 石井孝, 「勝海舟」(吉川弘文館, 1974) 참조.

5 사쓰마 번 출신의 무사로, 막부를 타도하고 메이지 유신을 성공으로 이끄는 데 큰 역할을 했다. 기도 다카요시(木戶孝允), 오쿠보 도시미치(大久保利通)와 함께 유신 삼걸(維新三傑) 중 한 사람이다.

4장 유학의 확산과 '사대부적 정치 문화'의 형성

1 4장, 5장은 필자가 한국어, 일본어로 발표해 온 논문들(「明治維新과 '사대부적 정치 문화'의 도전: '근세' 동아시아 정치사의 모색」, 《역사학보》218(2013); 「幕末政治變革と'儒敎的政治文化'」, 《明治維新史研究》8(2012); 「十九世紀前半日本における'議論政治'の形成とその意味: 東アジア政治史の視点から」, 「講座明治維新」1권(有志舍, 2010); 「幕末水戶藩에서 封書의 정치적 등장과 그 역할: '討議정치'의 형성과 관련하여」, 《동양사학연구》77(2002)에 발표한 논지를 중심으로 서술하였다. 부분적으로 문장을 옮겨 실은 곳도 있다.

2 '유교' 대신 '유학'이라는 용어를 주로 사용하는 이유에 대해서는 머리말의 주 1 참조.

3 渡邊浩, 「東アジアの王權と思想」(東京大學出版會, 1997), 209쪽.

4 '일반 사무라이'라는 용어에 대해서는 맺음말의 주 4 참조 바람.

5 이 점은 이 책의 다른 곳에서 강조하고 있는 대로 매우 중요한 부분이다. 19세기에 등장한 '사화(士化)된 사무라이'들은 문무를 겸비한 사(士)였다.

6 朴薰, 「幕末政治變革と'儒敎的政治文化'」, 24쪽.

7 이하의 요지는 필자의 논문 「明治維新과 '사대부적 정치 문화'의 도전: '근세' 동아시아 정치사의 모색」, 《역사학보》218(2013)의 머리말에서 서술한 바 있다.

8 동아시아사를 포괄하는, 널리 공유된 시대 구분은 아직 합의되어 있지 않은 상태다. 이 글에서는 우선 일본 학계에서 널리 쓰이고 있는 시대 구분

법에 따라 '근세'라는 용어를 사용한다.(물론 이것도 일본 학계 전체가 합의하고 있는 것은 아니다.) 이 경우 '근세'는 대체로 중국은 송대 이후, 조선은 조선 초 이후, 일본은 전국시대 이후로 볼 수 있다. 그러나 이는 아직까지 편의적 용법에 지나지 않으므로 이 글에서는 따옴표를 사용하여 '근세'로 표기하기로 한다.

9 영국에서 봉건사회 해체기에 출현한 독립 자영 농민. 사회적으로 귀족과 농노의 중간에 위치하면서 중산계급의 성향을 지니고 있었다.

10 宮嶋博史, 「儒教的近代としての東アジア'近世'」, 『東アジア近現代通史: 東アジア世界の近代』(岩波書店, 2011).

11 일본에서는 12세기에 사무라이 세력이 대두하여 다이라씨(平氏) 정권을 거쳐 가마쿠라 막부가 탄생했는데, 이익의 시대로부터 약 600~700년 전이었다.

12 일본 전국은 66주로 되어 있다.

13 李瀷, 『星湖僿說』上, 卷17, 人事門日本忠義(景仁文化社, 1970), 602쪽.

14 조선 현종 때 인조의 계비인 조대비의 상례(喪禮) 문제를 둘러싸고 남인과 서인이 두 차례에 걸쳐 격렬하게 대립한 사건.

15 渡邊浩, 『日本政治思想史 17~19世紀』(東京大學出版會, 2010), 88쪽.

16 유인선 외, 『사료로 보는 아시아사』(종이비행기, 2014)의 「일본 근현대사」 부분 첫머리에 이학 금지령의 사료가 번역되어 있다.

17 이 표는 石川謙, 『日本學校史の研究』(日本圖書センター, 1977), 263쪽에 게재된 표의 일부를 이용하여 필자가 재작성한 것임. 朴薰, 「幕末政治變革と'儒敎的政治文化'」, 22쪽에 이 표가 인용된 바 있음.

18 辻本雅史, 「學問と敎育の發展」, 「近代の胎動」, 日本の時代史17(吉川弘文館, 2003), 197쪽.

19 사숙과 학습회의 현황과 중요성에 대해서는 前田勉, 『江戶の讀書會: 會讀の思想史』(平凡社, 2012); 海原徹, 『近世私塾の研究』(思文閣出版, 1983); 海原徹, 『明治維新と敎育: 長州藩討幕派の形成過程』(ミネルヴァ書房, 1972).

20 入江宏, 「近世Ⅱ近代Ⅰ概說」, 「講座日本敎育史」2권(第一法規出版, 1984).

21 宮城公子, 「幕末儒學史の視点」, 《日本史研究》 232(1981), 6쪽.

22 眞壁仁, 『德川後期の學問と政治』(名古屋大學出版會, 2007), 14쪽.

23 이 부분은 특히 박훈, 「明治維新과 '사대부적 정치 문화'의 도전: '근세'

동아시아 정치사의 모색」, 3장, 4장을 수정·요약하여 서술하였다.

24 宮嶋博史, 「東アジア小農社會の形成」, 溝口雄三 외 엮음, 『アジアから考
える6: 長期社會變動』(東京大學出版會, 1994); 미야지마 히로시, 「조선시
대의 신분, 신분제도에 대하여」, 《대동문화연구》 42(성균관대 대동문화연구
소, 2003); 미야지마 히로시, 「토지대장의 비교사: 量案·檢地帳·魚鱗圖
冊」, 한국고문서학회 엮음, 『동아시아 근세사회의 비교: 신분·촌락·토지
제도』(혜안, 2006).

25 오수창, 「仁祖代政治勢力의 動向」, 이태진 엮음, 『조선시대 정치사의 재
조명』(태학사, 1985).

26 이는 아마도 리(理)의 유일 진리성이라는 주자학의 사상 때문인지도 모르
겠다. 어쨌든 이런 영향 하에서 메이지 유신 초기에도 자유당(自由黨)은 자
신을 군자당이라고 칭하고 위당박멸(僞黨撲滅)을 주장했다. 입헌개진당(立
憲改進黨)도 정강에서 유일 정당을 목표로 내걸었다. 이 유일 정당에 대한
친화성은 다이쇼(大正) 정당정치에 대한 반감과 대정익찬회(大政翼贊會)로
의 전환, 패전 후 완전한 민주적 선택에 의한 자민당(自民黨) 일당 장기 지
배의 실현, 그리고 현재 한국과 일본에서의 정당 혐오, 중국에서 쑨원(孫
文)의 군정(軍政)과 훈정(訓政) 이념, 중국 공산당 지배의 견고함 등 '현인
지배(賢人支配)의 선정주의(善政主義)'(요코야마 히로아키, 박종현 옮김, 『중화민
국사』(신서원, 2002))에 대한 광범한 동의 형성 등을 볼 때 현재 동아시아 정
치 문화와 체제를 규정짓는 중요한 요소 중의 하나가 아닐까 한다.

27 김상준, 『맹자의 땀, 성왕의 피: 중층 근대와 동아시아 유교 문명』(아카넷,
2011), 12장.

28 명나라 말기 정계와 학계에서 활약한 당파로서, 사대부들이 동림 서원(東
林書院)을 중심으로 세론을 형성하여 정치 비판 활동을 전개하였다.

29 명나라 말기 재야 세력의 정치 운동. 동림당에 비해 벼슬한 관료보다는
과거를 목표로 한 생원층이 많이 참여하였다.

30 막말기 일본에서는 시강(侍講), 시독(侍讀) 들이 정치적 발언권을 행사한
경우가 자주 보인다. 아마도 그 절정은 메이지기 천황 친정을 주장한 모
토다 나가자네(元田永孚)등의 궁중 그룹일 것이다.

31 김상준은 유교적 전국 정치가 근대적 민주정치로 연결될 가능성이 있었
다는 관점을 취하고 있으나, 필자는 이상과 같은 이유로 이에 동의하지
않는다. '사화(士化)'라는 표현에서도 알 수 있듯이, 정치에 참여하는 것

은 어디까지나 사(士)이지 민(民)은 아니다. 사대부적 정치 문화의 극성 속에서도 끝내 그 선상에서 민주주의는 탄생하지 않았다. 민주주의는 어디까지나 서양 정치사상의 수입을 통해 이루어졌다. 동아시아에서는 민(民)과 리(吏)의 사화를 통해 정치적 확대가 이루어졌지, 민(民)에게 정치적 권리를 부여하자는 발상은 좀처럼 나타나지 않았다. "민(民)은 따르게 해야지 알게 해서는 안 된다.(民可使由之, 不可使知之, 『論語』)"라는 사상은 19세기 말까지 많은 지식인들에게 여전히 설득력이 있는 것이었다.(지금은 어떤가? 특히 중국은?) 일본의 자유 민권 운동이나 조선의 동학 운동, 만민공동회 같은 정치 현상은 '민주'라는 프레임 이전에 우선 '사화'라는 관점에서 접근할 필요가 있는 것이다. 이 운동들이 대부분 군주와 왕정을 인정했다는 점도 이와 관련되어 있다. 사화 현상을 두고 민주주의 이외의 정치체제 중 가장 광범한 층의 정치 참여가 이루어졌다는 점을 가설적으로 논할 수는 있겠지만, 이것과 민주 사이에는 역시 엄연한 단절이 가로놓여 있다.

32 민주주의가 오랫동안 성별, 재산으로 투표권을 제한한 것은 잘 알려져 있다. 전 성인 남녀에게 투표권이 인정된 것은 대체로 20세기 중반경이다.

33 당송 변혁에 대해서는 신성곤, 「唐宋變革期論」, 『강좌 중국사 3』(지식산업사, 1989) 참조.

34 杉山淸彦, 「大淸帝國と江戸幕府: 東アジアの二つの新興軍事政權」, 懷德堂記念會 엮음, 『世界史を書き直す 日本史を書き直す: 阪大史學の挑戰」, 懷德堂ライブラリー8(和泉書院, 2008).

35 차혜원, 「18세기 청조의 언론 통제와 관료 사회: 언관 謝濟世 사건의 의미」, 《동방학지》 125(2004).

36 김상준, 앞의 책, 438~439쪽.

37 김상준에 따르면 조선에서는 16세기에 수백 명 단위의 연명(連名) 상소가 나타나기 시작해 17세기에는 천 명 단위, 18, 19세기에는 만 명 단위의 연명 상소가 행해졌다.(같은 책, 438쪽)

38 세도정치에 대해서는 권기석, 「19세기 세도정치 세력의 형성 배경(상)」, 《진단학보》 90(2000); 권기석, 「19세기 세도정치 세력의 형성 배경(하)」, 《진단학보》 91(2001); 남지대, 「중앙 정치 세력의 구조」, 韓國史研究會 19世紀研究班 엮음, 『조선 정치사 1800~1863』 상(청년사, 1990).

39 이상 박훈, 「19세기 전반 熊本藩에서의 '學的 네트워크'와 '學黨'의 형성」, 《동양사학연구》 126(2014) 참조.

40 「文化朋黨實錄」, 文化 4년 12월 26일 조.(「鹿兒島縣史料: 島津濟宣·濟興公史料」, 1985, 826쪽.) 해석은 의역.

5장 '사화(士化)'하는 사무라이와 메이지 유신

1 渡邊浩, 「近世日本社會と宋學」(東京大學出版會, 1985), 104쪽.

2 농촌에서도 상층 농민, 향의(鄕醫), 신관(神官) 등을 중심으로 향교 출석자가 점점 늘어났다. 향교는 민(民)의 사화의 근거지였다.(瀨谷義彦, 「水戶藩鄕校の史的研究」(山川出版社, 1976)) 그러나 이 책에서는 주로 사무라이의 사화를 다루고 있으므로, 이 부분은 언급하지 않겠다.

3 사무라이들이 이 시기 정치 변혁에 적극적으로 참여한 데에는 물론 다른 이유도 있다. 그들은 중국의 신사나 조선의 양반과 달리, 토지 소유자가 아니라 근본적으로 봉급 생활자였는데, 이 시기 각 번의 재정 악화로 이들의 봉록이 대폭 삭감되었다. 좀 뒤의 얘기지만 여기에 개항으로 인한 물가 상승은 이들의 실질임금을 더욱 감소시켰다. 또 이들은 신분 상승의 기회가 적어서 사회적 불만이 누적되어 있었으며, 조카마치에 사는 도시민으로 집단 거주하고 있었기 때문에 '정치 전염'에 쉽게 노출될 수 있었고 조직을 이루기 쉬웠던 점도 작용했던 것으로 보인다.

4 가장 큰 차이는 역시 무(武)에 대한 태도였다. '칼 찬 사대부'들은 문(文)을 숭상하고 열정적으로 학습했으나 그렇다고 무를 경시하거나 배척하지 않았다. '문무양도(文武兩道)'라는 말에서 볼 수 있듯 무는 여전히 이들의 강력한 한 축이었다. 학습 기관과 더불어 무도장은 여전히 이들의 네트워크를 만드는 중요한 장이었고, 대표적 사대부들이 동시에 뛰어난 검객이기도 한 경우는 부지기수였다. 할복은 여전히 명예로운 행위였고, 대표적인 유학자이자 정치가였던 요코이 쇼난은 칼을 놓고 도주했다는 이유로 큰 정치적 상처를 입었다. 대외적 태도에서도 무는 제1순위였다. 서양의 위협은 무엇보다도 국방의 위기로 받아들여졌다. 따라서 그 대책에서도 해방(海防)이 제일 중요했다. 또한 이 '칼 찬 사대부'들이 사대부적 정치 문화를 광범하게 수용하고 실현했다는 것이 곧 이들이 유학을 내면화했다는 것을 의미하지는 않는다. 이들은 철학, 심리학, 인간학, 경세학 등 유학의 다양한 측면 중 주로 경세학(經世學)으로서 유학을 받아들였던 것이다. 이들에게 유학이란 정치적 상황의 변화에 따라서 얼마든지 포기 또는 변용

이 가능한 하나의 도구에 불과했다. 한 사람이 주자학, 양명학, 미토학, 난학 등을 전전하거나 겸비한 경우가 많았던 것은 이 때문이다.

5　회독에 대해서는 前田勉, 「江戸の讀書會: 會讀の思想史」(平凡社, 2012).

6　조슈 번의 상황에 대해서는 海原徹, 「明治維新と教育: 長州藩討幕派の形成過程」(ミネルヴァ書房, 1972).

7　박훈, 「19세기 전반 熊本藩에서의 '學的 네트워크'와 '學黨'의 형성」, 《동양사학연구》 126(2014).

8　豊田天功, 「中興新書」, 「水戸學」, 日本思想大系 53(岩波書店, 1973), 202쪽.

9　横井小楠, 「乍恐言上仕候三條」, 日本史籍協會 엮음, 「横井小楠關係史料一」, 續日本史籍協會叢書(東京大學出版會, 1977), 86〜87쪽.

10　후한 말기 실권을 쥐고 있던 환관 세력과 이들을 비판하는 사인(士人) 집단들이 대립하여 사인들이 크게 탄압받은 사건.

11　송나라 때 행정 및 재정 개혁을 추진한 왕안석(王安石)의 신법당(新法黨)과 이에 반대하는 사마광(司馬光)을 영수로 한 보수파 구법당(舊法黨)이 대립한 사건.

12　이 책에서는 검토 대상에서 제외되어 있지만, 사무라이 외의 상당수의 민중도 그 상층부를 중심으로 이 같은 상황에 가담했다는 점도 아울러 염두에 두자.

13　설석규, 「조선 시대 유생 상소와 공론 정치」(선인, 2002).

14　三谷博, 「ペリー來航」(吉川弘文館, 2003), 4장.

15　상세한 내용은 박훈, 「幕末水戸藩에서 封書의 정치적 등장과 그 역할: '討議 정치'의 형성과 관련하여」, 《동양사학연구》 77(2002) 참조.

16　藤田東湖, 「東湖封事」, 菊池謙二郎 엮음, 「新定東湖全集」(博文館, 1940), 867쪽.

17　유인선 외, 「사료로 보는 아시아사」(위더스북, 2014)의 「일본근현대사」 부분에 이 사료들이 번역되어 실려 있다.

18　송찬식, 「朝鮮朝士林政治の權力構造」, 《경제사학》 2(1978).

19　메쓰케에 대해서는 제1장에서 설명한 바 있다.

20　吉田松陰, 「急務四條」, 山口縣教育會 엮음, 「吉田松陰全集」 4권(岩波書店, 1936), 182〜183쪽.

21　같은 책, 184쪽.

22　藤田東湖, 「岡田新太郎年寄被命候節出府之上言上可仕ケ條」, 「時事雜

纂一」, 長久保叢書34(東京大史料編纂所 소장)

23 상세한 내용은 박훈, 「근대 초기 일본의 공공권 형성과 공론 정치」, 《국제
지역연구》 12-4(2003).

24 이 부분은 앞서 소개한 필자의 일본어 논문 「幕末政治變革と'儒敎的政
治文化」, 《明治維新史研究》 8(2012)와, 「'名君' 德川齊昭의 대민 활동과
그 의의: 地方役人 접촉과 巡村」, 《일본역사연구》 32(2010)에 발표한 논
지를 중심으로 서술하였다.

25 笠谷和比古, 『近世武家社會の政治構造』(吉川弘文館, 1993).

26 吉田松陰, 「急務四條」, 173쪽.

27 막말기에 중앙 정치 무대에서 활약한 웅번의 다이묘들. 마쓰다이라 요시
나가(松平慶永, 에치젠 번), 다테 무네나리(伊達宗城, 우와지마 번), 야마우치
요도(山内容堂, 도사 번) 등이 그들이다.

28 金森正也, 「近世後期における藩政と學問: 寬政~天保期秋田藩の政治
改革と敎學政策」, 《歷史學研究》 346(2008).

29 「時事ノ評四月七日川瀨七郎衛門書東」, 『時事雜纂一』, 長久保叢書
38(東京大史料編纂所 소장), 4쪽.

30 『奧羽巡行明細日誌』에 나오는 기사. 다키 코지, 박삼헌 옮김, 『천황의 초
상』(소명출판, 2007), 95쪽.

31 池田勇太, 『維新變革と儒敎的理想主義』(山川出版社, 2013).

32 齋藤希史, 『漢文脈と近代日本: もう一つのことばの世界』(日本放送出版協
會, 2007).

33 메이지 시기, 번을 폐지하고 지방 통치 기관을 중앙정부가 통제하는 부
(府)와 현(縣)으로 일원화한 행정 개혁.

34 1940~1945년에 존재했던 일본 제국의 관제 국민 통합 단일 기구. 독일
나치당을 모델로 만들어졌다.

┃더 읽을 거리

김광옥, 『변혁기의 일본과 조선: 일본이 근세에서 근대로 전환하는 에도 시대의 조선』(인문사, 2011).

: 도쿠가와 시대에서 근대에 이르는 시기의 일본사와 한일 관계사의 주요 문제에 대한 논문집이다. 본서와 관련해서는 사쓰마 번의 무역업과 경제 상황, 그리고 각 번의 번정 개혁과 유학의 관계 등을 논한 부분이 특히 참고가 된다. 도쿠가와 시대에 도요토미 히데요시에 대한 인식이 어떠했는가에 대한 상세한 연구도 본서의 2장을 이해하는 데 크게 도움을 줄 것이다.

나가이 미치오 외, 서병국 옮김, 『세계사의 흐름으로 본 명치 유신』(교문사, 1994).

: 1983년 메이지 유신을 테마로 일본에서 열린 국제 심포지엄 발표문을 모아 놓은 책이다. 일본, 중국, 미국, 소련(당시 국명) 학자들의 글이 실려 있다. 정식 논문이 아니라 발표문 형식의 글들이기 때문에 간략한 것들이 많으나 각자의 논지를 잘 정리해 놓았기 때문에 일반 독자들이 읽기에는 더 좋을 것이다. 정치·경제·사회뿐 아니라 교육·문학·기술사적인 관점에서 메이지 유신의 성과와 의의를 논하고 있다. 또 여러 나라의 학자들이 집필에 참여한 만큼 비교사적인 시야도 제공해 주고 있다.

미타니 히로시, 박환무 옮김, 『메이지 유신을 생각한다』(까치, 근간).

: 도쿄대 교수이자 메이지 유신 연구의 권위자인 저자는 세계 혁명사에서 메이지 유신은 매우 특이한 혁명으로 더욱 주목받아야 마땅하다고 주장한다. 국내 계층 간의 격렬한 대립이 최소화된 상태에서 진행되었으면서도 커다란 사회변혁을 이룬 점, 기존의 지배 계층이 자기를 혁신하고 희생하는 형태로 혁명이 진행된 점, 국내 통합이 강했던 만큼 외국, 특히 이웃국가에 대해서는 철저히 배타적인 태도를 보였던 점 등을 메이지 유신의 특징으로 지적한다. 세계 혁명사의 보편적인 시야와 개념을 바탕으로 서술하고 있기 때문에 메이지 유신의 세계사적 위치를 파악하는 데 큰 도움이 된다. 같은 저자의 『愛國·革命·民主: 日本史から世界を考える(애국·혁명·민주: 일본사로부터 세계를 생각하다)』(筑摩書房, 2013)도 일본어를 아는 분들께는 꼭 권하고 싶다.

박진우, 「근대 일본 형성기의 국가와 민중: 근대 천황상의 형성과 민중」 (제이앤씨, 2004).

: 메이지 정부가 주입하려 했던 근대 천황상이 일본 민중과의 사이에서 어떤 갈등을 거쳐 변형, 수용되는가를 분석하였다. 민중 측의 입장에 서 서 근대 천황 이데올로기의 성격을 생각해 볼 수 있는 유용한 글이다. 또 한 천황상의 성립이 조선 멸시관의 형성에 깊은 영향을 준 양상도 잘 설 명해 주고 있다. 우리가 알고 있는 천황제, 천황상은 대부분 메이지 시대 이후에 성립된 것인데, 이 글은 그것의 탄생 과정을 살펴보는 데 큰 도움 을 준다.

박훈 외, 「근대화와 동서양」(방송통신대학교출판부, 2006).

: 도쿠가와 막부 붕괴에서 메이지 헌법의 성립(1889)에 이르는 과정을 정 치·사회·경제·문화적 측면을 포괄하여 서술하였다. 본서에서 미처 다루 지 못한 메이지 유신의 사회·경제적 요인에 대한 길지는 않지만 명료한 설명이 있다. 이 책은 메이지 정부가 추진한 개혁 정책의 실현 과정과 그 성격에 대해서 알고 싶은 독자들에게 유용할 것이다. 메이지 헌법의 성립 과정과 역사적 의의, 메이지 정부의 국민국가 창출 과정과 천황제 이데 올로기의 침투, 그리고 일본의 산업혁명과 사회 변화 등에 대해서도 알기 쉽게 서술되어 있다. 아울러 근대 동아시아사의 전개 속에서 근대 일본이 갖는 위치와 의미에 대해서도 알 수 있다.

와타나베 히로시, 박홍규 옮김, 「주자학과 근세 일본 사회」(예문서원, 2004).

: 도쿠가와 사회에서 유학, 특히 주자학이 어떤 위치를 차지하고 있었는 가를 잘 보여 주는 책이다. 화이(華夷), 예(禮) 등 유학의 주요 개념들이 일 본 사회와 맞닥뜨리며 겪게 되는 긴장과 갈등, 변형과 수용의 과정을 사 상사적으로 흥미롭게 보여 주었다. 조선 사회의 주자학 수용과 비교하는 데 있어서도 일독을 권할 만한 책이다. 참고 문헌에서도 언급한 같은 저 자의 「日本政治思想史 17~19世紀(일본 정치사상사 17~19세기)」(東京大學 出版會, 2010)(현재 한글 번역 진행 중), 「東アジアの王權と思想(동아시아의 왕 권과 사상)」(東京大學出版會, 1997)도 이 분야의 필독서이다.

장인성, 『장소의 국제정치사상: 동아시아 질서 변동기의 요코이 쇼난과 김윤식』(서울대학교출판부, 2002).
: 국제정치학자가 개국과 쇄국을 둘러싼 19세기 후반 조선과 일본의 대외 태도를 분석한 글이다. 당시 양국의 대표적 유학자이자 정치가였던 운양 김윤식과 요코이 쇼난의 사상과 대외 태도를 국제정치학의 개념을 사용하여 흥미롭게 검토하였다. 단순한 근대화론적인 관점에서 벗어나 당시 지식인들이 동아시아의 맥락에서 서양의 등장을 어떻게 보고 있었는가, 그 공통점과 차이점은 무엇이었는가를 살피게 해 준다.

함동주, 『천황제 근대국가의 탄생』(창비, 2009).
: 페리 내항과 막부의 개국에서부터 20세기 초까지를 다룬 개설서이다. 국내외 연구를 참조하면서 일본 근대사의 전개 과정을 꼼꼼하게 서술하였다.

더 읽을 거리

참고 문헌 사료

유인선 외, 『사료로 보는 아시아사』(위더스북, 2014).

『吉田松陰全集』 1권(岩波書店, 1936).

『吉田松陰全集』 4권(岩派書店, 1936).

『吉田松陰全集』 7권(岩波書店, 1936).

『渡邊華山·高野長英·佐久間象山·橫井小楠·橋本左內』, 日本思想大系55
(岩波書店, 1971).

『幕末政治論集』, 日本思想大系56(岩波書店, 1976).

「文化朋黨實錄」, 『鹿兒島縣史料: 島津濟宣·濟興公史料』(鹿兒島縣, 1985).

『本多利明·海保靑陵』, 日本思想大系44(岩波書店, 1970).

『水戶學』, 日本近代思想大系53(岩派書店, 1973).

『時事雜纂一』, 長久保叢書34(東京大史料編纂 소장).

『新定東湖全集』(博文館, 1940).

『安藤昌益 佐藤信淵』, 日本思想大系45(岩波書店, 1977).

『橫井小楠關係史料一』, 續日本史籍協會叢書(東京大學出版會, 1977).

한글 논저

권기석, 「19세기 세도정치 세력의 형성 배경(상)」, 《진단학보》 90(2000).

────, 「19세기 세도정치 세력의 형성 배경(하)」, 《진단학보》 91(2001).

김상준, 『맹자의 땀, 성왕의 피: 중층 근대와 동아시아 유교 문명』(아카넷, 2011).

남지대, 「중앙 정치 세력의 구조」, 『조선 정치사 1800~1863』 상(청년사, 1990).

다키 코지, 박삼헌 옮김, 『천황의 초상』(소명출판, 2007).

마리우스 B. 잰슨, 김우영 역, 『현대 일본을 찾아서1』(이산, 2006), 78쪽.

미야지마 히로시, 「조선 시대의 신분, 신분제 개념에 대하여」, 《대동문화연구》
42(2003).

────, 「토지대장의 비교사: 量案·檢地帳·魚鱗圖冊」, 한국고문서학회 엮
음, 『동아시아 근세 사회의 비교: 신분·촌락·토지제도』(혜안, 2006).

박훈, 「幕末水戶藩에서 封書의 정치적 등장과 그 역할: '討議 정치'의 형성과
관련하여」, 《동양사학연구》 77(2002).

———, 「근대 초기 일본의 공공권 형성과 공론 정치」, 《국제지역연구》 12-4 (2003).

———, 「德川 시대 幕府와 藩 재정의 특색」, 《한성사학》 20(2005).

———, 「18세기 말~19세기 초 일본에서의 '戰國'적 세계관과 해외 팽창론」, 《동양사학연구》 104(2008).

———, 「吉田松陰의 대외관: '敵體'와 팽창의 이중구조」, 《동북아역사논총》 30(2010).

———, 「'名君' 德川齊昭의 대민 활동과 그 의의: 地方役人 접촉과 巡村」, 《일본역사연구》 32(2010).

———, 「幕末期 대외론: 쇄국/양이론 再考」, 김용덕 엮음, 『일본사의 변혁기를 본다: 사회인식과 사상』(지식산업사, 2011).

———, 「明治維新과 '사대부적 정치문화'의 도전: '근세' 동아시아 정치사의 모색」, 《역사학보》 218(2013).

———, 「19세기 전반 熊本藩에서의 '學的 네트워크'와 '學黨'의 형성」, 《동양사학연구》 126(2014).

설석규, 『조선 시대 유생 상소와 공론 정치』(선인, 2002).

송찬식, 「朝鮮朝士林政治의 權力構造」, 《경제사학》 2(1978).

신성곤, 「唐宋變革期論」, 『강좌 중국사』 3(지식산업사, 1989).

아사오 나오히로 외, 『새로 쓴 일본사』(창비, 2003)

앤드루 고든, 『현대 일본의 역사』(이산, 2005).

오수창, 「인조대 정치 세력의 동향」, 『조선 시대 정치사의 재조명』(태학사, 1985).

윤병남, 『구리와 사무라이: 아키타 번(秋田藩)을 통해 본 일본의 근세』(소나무, 2007).

차혜원, 「18세기 청조의 언론 통제와 관료 사회: 언관 謝濟世 사건의 의미」, 《동방학지》 125(2004).

일본어 논저

久住眞也, 『幕末の將軍』(講談社, 2009).

———, 『長州戰爭と德川將軍: 幕末期畿内の政治空間』(岩田書院, 2005).

金森正也, 「近世後期における藩政と學問: 寛政～天保期秋田藩の政治改革

と敎學政策」,《歷史學硏究》346(2008).

宮嶋博史,「東アジア小農社會の形成」,溝口雄三 외 엮음,「アジアから考える6: 長期社會變動」,(東京大學出版會, 1994).

―――,「儒敎的近代としての東アジア'近世'」,「東アジア近現代通史I: 東アジア世界の近代」(岩波書店, 2011).

宮城公子,「幕末儒學史の視点」,《日本史硏究》232(1981).

奈良勝司,「明治維新と世界認識體系: 幕末の德川政權信義と征夷のあいだ」(有志舍, 2010).

渡邊浩,「近世日本社會と宋學」(東京大學出版會, 1985).

―――,「東アジアの王權と思想」(東京大學出版會, 1997).

―――,「日本政治思想史17~19世紀」(東京大學出版會, 2010).

藤野保,「江戸幕府崩壞論」(塙書房, 2008).

―――,「幕藩制國家と明治維新」(淸文堂出版, 2009).

瀬谷義彦,「水戸藩鄕校の史的硏究」(山川出版社, 1976).

朴薫,「十九世紀前半日本における'議論政治'の形成とその意味: 東アジア政治史の視点から」,「講座明治維新」I(有志舍, 2010).

―――,「幕末政治變革と'儒敎的政治文化'」,《明治維新史硏究》8(2012).

三谷博,「明治維新とナショナリズム: 幕末王權政治變動」(山川出版社, 1997).

―――,「ペリー來航」(吉川弘文館, 2003).

―――,「明治維新を考える」(有志舍, 2006).

杉山淸彦,「大淸帝國と江戸幕府: 東アジアの二つの新興軍事政權」,懷德堂記念會 엮음,「世界史を書き直す日本史を書き直す: 阪大史學の挑戰」,懷德堂ライブラリー8(和泉書院, 2008).

速水融 外,「歷史人口學のフロンティア」(東洋經濟新報社, 2001).

深井雅海,「江戸城: 本丸御殿と幕府政治」(中央公論新社, 2008).

辻本雅史,「學問と敎育の發展」,「近代の胎動」,日本の時代史17(吉川弘文館, 2003).

前田勉,「近世日本の儒學と兵學」(ぺりかん社, 1996).

前田勉,「江戸の讀書會: 會讀の思想史」(平凡社, 2012).

井野邊茂雄,「新訂增補 維新前史の硏究」(中文館書店, 1942).

齋藤希史,「漢文脈と近代日本: もう一つのことばの世界」(日本放送出版協會, 2007).

池田勇太, 『維新變革と儒敎的理想主義』(山川出版社, 2013).

眞壁仁, 『德川後期の學問と政治』(名古屋大學出版會, 2007).

海原徹, 『明治維新と敎育: 長州藩討幕派の形成過程』(ミネルヴァ書房, 1972).

─────, 『近世私塾の研究』(思文閣出版, 1983).

영어 논저

Eckert, Carter 외, *Korea, Old and New: A History*(Ilchokak, 1990).

Totman, Conrad D., *Politics in the Tokugawa bakufu, 1600~1843*
  (Harvard University Press, 1967).

06 서울대 인문 강의

메이지 유신은
어떻게 가능했는가

1판 1쇄 펴냄 2014년 7월 7일
1판 17쇄 펴냄 2023년 3월 6일

지은이 박훈
발행인 박근섭, 박상준
펴낸곳 (주)민음사

출판등록 1966. 5. 19. (제16-490호)
서울특별시 강남구 도산대로 1길 62(신사동)
강남출판문화센터 5층 (우편번호 06027)
대표전화 02-515-2000
팩시밀리 02-515-2007
www.minumsa.com